虚拟的文化盛宴

——当代大众文化解读

王蕊 著

中国书籍出版社
China Book Press

图书在版编目(CIP)数据

虚拟的文化盛宴：当代大众文化解读/王蕊著.
—北京：中国书籍出版社，2017.5
ISBN 978-7-5068-6235-6

Ⅰ.①虚… Ⅱ.①王… Ⅲ.①群众文化－研究 Ⅳ.
①G24

中国版本图书馆 CIP 数据核字(2017)第 144875 号

虚拟的文化盛宴：当代大众文化解读

王 蕊 著

责任编辑	戎 骞
责任印制	孙马飞 马 芝
封面设计	马静静
出版发行	中国书籍出版社
地 址	北京市丰台区三路居路 97 号(邮编：100073)
电 话	(010)52257143(总编室) (010)52257140(发行部)
电子邮箱	chinabp@vip.sina.com
经 销	全国新华书店
印 刷	北京亚吉飞数码科技有限公司
开 本	787 毫米×1092 毫米 1/16
印 张	14
字 数	181 千字
版 次	2018 年 5 月第 1 版 2024 年 9 月第 2 次印刷
书 号	ISBN 978-7-5068-6235-6
定 价	54.00 元

前　言

　　大众社会是一个区别于传统社会的现代概念。德弗勒和鲍尔-洛基奇在《大众传播学理论》一书中,曾这样界定大众社会:"大众社会的概念不等于数量上的社会,世界上有许多社会有着巨大数量的人口,然而就其社会组织而言,它仍然属于传统社会。大众社会指的是个人与周围社会秩序的关系。"大众社会与传统社会最大的区别,不在人口数量的多少,而在结构关系的不同,而这种不同又主要体现在大众与大众之间、大众与社会权利精英之间关系上的不同。这样的关系在社会现象中大抵表现为"人人社会"的到来,"人民社会"的蜕变。

　　在现代化的工业技术影响下,社会分工越来越细致,越来越专业化,高度专业化使每个人的存在都更依赖于他人,人与人之间的关系较以前更为紧密,合作程度更高。但是,这并不意味人们的关系就变得更亲近无间。在这个"人人社会"中,随着新媒体技术的发展,人人更加自由地接收发布信息,出现了新型的社会交往方式,饭桌前、公车上、教室里……随处可见低头手机族。现代社会人们聚集在狭小的城市里,空间上相互接近,心理上相互疏远、相互戒备。这种戒备造成人与人之间的疏远和冷漠。城市里涌现出大量疏远和孤独的个体。

　　大众社会是区别于以往传统社会的新的社会结构形态,是工业革命以来,随着现代政治、经济和文化的发展而逐渐形成的。其突出特点是出现了大量异质的、分散的、原子化的个体,个体之间缺少传统的稳固的联系而直接面对国家和权力精英,从而很容易被操控;但大众社会高度的个体化,也使之带有很强的民主性和平民化,体现了大众社会的两面性。

　　在大众社会中,看似繁盛的当代大众文化现象值得分析与审思。一方面,大众文化市场空前繁荣,文化内容更新速度剧增,每年涌现出大量新的电影、电视作品,网络交流频繁,不断出现新的沟通方式,从 QQ 到微博再到微信朋友圈,各种热门的网络文化现象产生,如近年来年轻人热衷的网络直播。同时,每年都会涌现大量的网络流行语,甚至改变了人们的日常交流方式。另外,大量流行小说上市,并产生联动效应,被翻拍成电影、电视剧,并制作成网络游戏、手机游戏,引发大量人群尤其是年轻人的热衷,极大地丰富了人们的日常生活,为孤独的城市人群找到心灵的归宿与虚拟交流的场所,同时也在很大程度上促进了我国文化事业的繁荣与文化产业的发展。2015 年,我国国产电影在国内的票房总量首次超过好莱坞大片,电影市场空前繁荣。

另一方面,繁盛的大众文化流行背后,出现了大量的社会问题,需要学者对其进行人文价值的思考。消费主义思潮涌动,在广告以及部分广告影响下的影视剧作品中,隐含着大量的拜物教式的价值导向,误导着大众尤其是年轻大众价值观的树立与发展,甚至出现疯狂的粉丝现象。同时,社会刻板印象仍然存在,如广告中对女性的性别歧视,电影电视中对老人群体的刻板化描述,这些都可能误导大众群体的人群认知与价值判断。另外,在自由化与游戏性的互联网上,出现了人肉搜索、肆意评判与不当言论、假消息蔓延等急需引导与规范的文化环境。

由于大众文化需要高科技的技术支撑、工业化的生产、商业化的运作,它所制造的又是一种诉诸人之视听感官的文化形式,所以,把它看成图像文化、工业文化、商业文化和高科技文化并无问题。而从这些层面入手思考,我们也确实更容易破译大众文化的秘密。本书在系统分析大众社会以及大众人群的基础上,进一步选取了当代繁盛的大众文化现象:电影文化、网络文化、广告文化、视觉文化、粉丝文化以及商业精神的建设,从大众层面和文化文本层面对上述文化现象进行深入的剖析,以期挖掘其生产规律与文化内涵,发现问题并提出观点。

作者

2017 年 5 月

目　录

第一章　大众社会与大众文化

第一节　文化学基本理论

一、时代变迁下文化的内涵与意义

"文化"是当代社会中使用频率极高的一个词汇，是一个内涵丰富的、外延复杂宽泛的多维概念。英国学者马克·J·史密斯认为：文化是当今社会科学中最具挑战性的概念之一，尽管学者们做出了各式各样的定义，但是谁都没有指出文化的真正含义。[①] 据统计，至今为止中外文献中有关文化的定义已超过 1 万多种，而在严谨的学术研究领域中，关于文化的定义已达到 250 多种。奥地利哲学家维特根斯坦提出"意义即用法"，语词的意义是在它的具体使用中被呈现出来，要弄清楚任何语词的含义，与其下一个断言式的定义，不如详细考察一下它们被赋予的不同含义。

在英文中，"文化"（culture）是一个拥有非常复杂含义的词汇，15 世纪初才形成，最初主要意指对某种农作物或动物的培养或照料。16 世纪之后，文化开始被用来指称人类发展的历程。可见，文化经历了从指称物质培养的过程到对人精神的培养过程与状态。也就形成了当今文化的主要指向——关于人的精神的培养。这恰恰与中国对文化的指称相一致。

---

① ［英］马克·J·史密斯著，张美川译. 文化：再造社会科学［M］. 长春：吉林人民出版社，2005：2.

在中文里，"文化"一直关注于精神领域，是作为国家"人文教化"的缩写。从"人文教化"看出，其前提是"人"，有"人"才有文化，意即文化是讨论人类社会的专属语；"文"是基础和工具，包括语言和/或文字；"教化"是这个词的真正重心所在：作为名词的"教化"是人群精神活动和物质活动的共同规范，同时这一规范在精神活动和物质活动的对象化成果中得到体现。作为动词的"教化"是共同规范产生、传承、传播及得到认同的过程和手段。

18世纪末期的德国，随着欧洲文明的繁盛与巨大影响，文化是文明的同义词，包含两种涵义：一是人类发展的世俗化过程——强调人性、人权，否定神权、君权；二是指变得有礼貌有教养的普遍过程，代表着欧洲中心主义立场。在这时，文化等同于科学理性时代的欧洲文明，即理性主义文明观。文明是对野蛮的超越，是欧洲得以区别于世界上其他野蛮、未开化民族的标志性成就。分析电影《少年派的奇幻漂流》可发现，该电影在某种程度上反映了人类文明的光辉与困惑。少年派的名字源于圆周率，这恰恰暗示着他身上的科学与理性。当代表科学理性的派和代表自身兽性的老虎共处在大海漂泊时，他用规律喂食、捕猎海鱼等方法逐渐征服了老虎并与之相互依存。这意味着，人类历史上用科学理性精神逐渐战胜自然，征服自身兽性的过程。直到派与老虎获救，老虎头也不回地离开了派。这意味着人类在科学理性的引导下，逐渐摆脱了兽性，获得了文明之光，即文化化的过程。

但是，欧洲理性文明的巨大光辉，在经历了两次世界大战后，引发了学界的深思。德国历史学家赫尔德批判了法国的"文明"论述，确立了新的文化观念。他认为，各民族、各时代的文化都形成于特定的地理、历史环境之中，体现了不同的民族精神和时代精神；应当用多样化的眼光看待各民族、各时代的文化，不能用理性的同一性标准来衡量。欧洲的文明观与帝国主义行径有着精神性的联系，欧洲的殖民行径被美化为文明对野蛮的征服，成为合法化欧洲殖民行动的意识形态。赫尔德认为，欧洲人应该放弃这种理性主义的文明观，看到各民族文化的多样性。通过"文化"观念的强调，赫尔德对现代化的弊端进行了反思，开启了文化论述的一个新的路径。

随后，文化这个概念的内涵开始完全走向了"文明"的反面，而被赋予了"文明"批判的含义，即文化作为崇高的精神活动是对资本主义文明的批判。在英国文化批判家马修·阿诺德的视野下，文化是拯救堕落的现代资本主义文明的解毒剂，作为资本主义文明的产物，中产阶级对财富的追逐和崇拜使得整个社会变得庸俗不堪，精神匮乏，出现了文化的真空。阿诺德认为文化应该是对"完美的追寻"，希望通过文化来消除英国中产阶级的物质主义和工具理性崇拜。至此，在精英主义文化观看来，文化成了对"文明"的批判。

直到20世纪，文化的内涵开始不断扩展。在工业化基础上，资本积累的推动化，随着媒体的大众化过程，加速了文化的大众趋势与普及。文化不再仅限于精英艺术和审美，而且也表现为制度和日常行为中的意义和价值，文化重新回到大众的怀抱。文化开始扩展为对一种特殊生活方式的描述。发展到21世纪，出现了文化全球化的态势。

综上所述，"文化"这个概念存在着多义的定义谱系，在不同的历史时代、不同的社会背景和具体论述语境中，可能指称的并非一致的含义，我们只能依照论述的语境来对其内涵进行具体化。所以，对于该概念的历史分析，结合文化这个概念在中国的本土化语境中经常被赋予内涵，文明可以给文化分别下一个广义和狭义的定义：

广义的文化包括人类物质生活和精神生活的能力、物质和精神的全部产品。

狭义的文化指精神生产的能力和精神产品，包括一切社会意识形态。

二、文化的结构

文化的结构是指文化系统内部诸多要素及其组成的子系统之间相互联系、相互作用，在一定排列组合后形成的一种相对稳定、能明显判别出其独特面貌的整体。

关于文化中的子系统，一般分为物质文化、制度文化、行为文化、精神文化四个系统。

物质文化是人们的物质生产、物质创造活动以及由此获得的物态结果所构成的文化系统。既包括人类的衣食住行等基本器皿用具，也包括人类从事物质生产活动的方式、过程和结果，同时还包括人类在物质创造过程中积累的生产技术、工艺技巧以及各种物质生产力。物质文化是构成整个文化的基础。

制度文化是由人类在社会实践中组建的各种行为规范、准则以及各种组织形式所构成的文化系统。人们在参与社会活动过程中，为了协调人与人之间的各种关系，逐渐形成了一系列要求所有社会成员必须共同遵守的办事规程或行为准则，这就是制度。各种制度都是人的主观意识所创造的，而制度一旦制定后，便带有一种客观性而独立存在，并强制人们服从它。因而，制度文化成为文化系统中最具权威性的因素，它规定着文化整体的性质。

行为文化主要由人类在社会实践中尤其是在人际交往中以约定俗成的方式形成的行为规范、风俗习惯等构成的文化系统。一般来说，人的行为除受到外界种种有形的、物质的、他律的、带有强制性的或暴力性的规范所束缚外，还要受到种种无形的、非物质的、自律的和不带任何强制性的内在良知的制约。例如道德观念、价值观念、审美观念等。行为文化就是这种软性制约的表现。

精神文化是由人类在社会实践和意识活动中长期育化出来的价值观念、思维方式、道德情操、审美趣味、宗教感情、民族性格等因素所构成的文化系统，是文化整体的核心部分。

三、文化的特征

（一）文化是人类的创造

一切文化成果必然留下人的痕迹，打上人的烙印。自然存在物不是文化，经过人类加工、修饰、整理和改造的自然物是文化。土不是文化，土墙是文化；沙漠不是文化，留在沙漠上的脚印是文化；石头不是文化，经过原始人打磨的石头是文化；黄山的山峰、松树本来不是文化，但是被人叫做"鲫鱼背""迎客松""猴子观海""仙人指路"后，成为旅游胜地，是文化。

（二）文化是人们后天习得的

文化尤其是声音语言、精神文化不是人们先天遗传的本能，而是经过学习得到的知识和经验。人类个体天生具有学习的能力，这种基本能力（聪明）是可遗传的，但是声音语言和精神文化则不可遗传，须经学习而代代相传。一个儿童，一张白纸，放到哪种文化氛围中，就染上哪种文化的颜色。

（三）文化是一个体系

文化可以分解成不同的要素，但这只是在我们的思维中所做的分解。实际上文化是一个密不可分的整体，各部分在结构上互相依存、互相联结，犹如一棵大树，树根、树枝、树叶，互相依托。文化的体系化特征体现在文化的民族性与时代性。不同的种族、不同的民族在不同的历史时期，表现出鲜明的民族差异与时代差异，他们都拥有自己独立发展形态的文化模式。

四、文化的功能

（一）文化具有满足需要的功能

文化是人类需要的供应站。人类学家马林诺夫斯基指出："文化是包括一套工具及一套风俗——人体的或心灵的习惯，它们都是直接地或间接地满足人类的需要。"可见，文化具有直接或间接地满足人类需要的功能。

按美国心理学家马斯洛的理论，健康人的需要由低到高分为五个层次：生理需要、安全需要、归属的需要、尊重的需要、自我实现的需要。这些需要的满足，都离不开文化。就拿最底层次的需要即生理需要来说，随着社会的进步，也日益增加了文化内涵。即文化人类学家所谓的"生物需要的文化转变"。以饮食为例，人类饮食的意义不仅仅是为了满足食欲，还把菜肴做成花鸟等艺术品供人观赏，使人获得美的享受，出现了食文化。随着经济的发展，人们的服饰也不仅仅是满足人的保暖，而且还美化人的形象，表明人的身份、职业、理想、爱好和追求，出现了五彩缤纷的服饰文化。再以男女两性的结合为例，在人类社会生活里，婚姻远远超出生物本能的需求。正如马林诺夫斯基所说的："婚姻在任何人类文化中并不是单纯的两性结合或男女同居。它总是一种法律上的契约，规定着男女共同居住，经济担负，财产合作，夫妇间及双方亲属间的互助；婚姻也总是一种公开的仪式，它是一件关涉着当事男女之外的一群人的社会事件。婚姻的解除及婚姻的结束都是受着一定传统规则所支配的。"至于更高层次的需要，受人尊重与自我实现本身就是人作为社会群体一员中所需要的精神满足与文化价值的体现，其本身就具备了文化特质。

（二）文化具有记录功能

文化是人类的记忆库。文化作为一种复杂的符号系统，具有记录人类各种活动的功能。语言和文字是文化的主要载体，在文字没有出现的年代，人们就通过口头语言，将经验、知识、观念口耳授受，世代相传。例如，民谚"晚霞行千里"是民间经过长时期观察得出的结论。发现这一现象的先辈，将此民谚作为经验传给下一辈，尔后代代相传至今。世界各民族的文字几乎都是在口头文学的基础上发展起来的。直至今天，一些没有文字的民族依然如此。

文字的出现，极大地扩大了文化的记录功能。中国的甲骨文、埃及的纸草、巴比伦的楔形文字等，都为我们保存了早期人类社会实践的记录，让我们领略了远古先民的智慧和能力。绘画、音乐等艺术，使文化的记录功能获得更富有创造性的形式。半坡遗址的人面鱼纹陶画、长沙马王堆汉墓的帛画、曾侯乙编钟，让我们分享古代先贤的艺术才华。随着造纸术、印刷术的出现，随着科学技术的不断发展，文化的记录功能更是无时不在，无处不有地发挥着作用。史书典籍、科学著作、报纸杂志、音像媒体，越来越更宏大、更全面地发挥着文化的记录功能。人类正是凭借文化的记录功能，不断积累知识经验，在前人的基础上，持续开拓深广的认知领域，创造出更加灿烂的新文化。

人类创造的物质文化也有记录功能。一种工具、一件兵器、一种生活用具、一个艺术装饰、一处古建筑……都可以使我们感知到彼时彼地人们的实践活动和精神岁月，彼时彼地的风土人情和历史沧桑。秦朝兵马俑、汉代的画像石，使我们神往秦汉王朝风采；长城、故宫、圆明园、都江堰、大运河……令我们惊叹中华先民的卓越创造力。

（三）文化具有认知功能

文化是打开世界奥秘之门的金钥匙。文化把人类世世代代积累的最优秀的社会经验集于自身，不断地获得关于世界的最丰富的知识，从而为认识世界和改造世界创造了条件。就个人而言，一个人呱呱坠地，对世事一无所知，然后经过家庭、学校、社会，认知他生活在社会里的"应知和应会"，从而生存于世，同时也多多少少创造着文化。就整个社会而言，不管社会制度如何变化，仍必须学习和继承过去的文化，并通过文化认知历史和社会。恩格斯在谈到法国伟大作家巴尔扎克时说："在他的《人间喜剧》里，作者给予了我们一部法国社会的卓越的现实主义的历史……在这个历史里，我所学到东西也比当时所有专门历史家、经济学家和统计学家的全部著作合拢起来所学到东西还要多。"人们通过阅读《红楼梦》，可以了解封建社会的方方面面，所以其被称为"封建社会的百科全书"。从某种意义上说，几千年传承的传统文化对于今天的人，第一个用处就是其认识价值。它们是一面面历史的镜子，让人们看到人类的昨天，思考人类的今天并探索其明天；帮助人们结合新的实践，不断丰富扩展着对自然、社会和自身的认识。

在漫长的岁月中形成的文化习俗、文化传统、文化氛围，潜移默化而又深远持久地影响人们，使人们形成自己的思维方式和思维习惯。这些思维方式和思维习惯具有相对稳定性，为一代代的人们认识世界提供材料和工具。同时，思维方式和思维习惯又是不断完善和发展的，引导人们去认知不断发展变化的客观世界。当然，这并不意味着所有人的思维方式都完全相同。因为人类的出现首先是分地域的，各地人群按照自己不同的方式来创造自己的文化。文化被人们所创造以后，就成了人们生活环境中的有机组成部分，形成了各自不同的文化环境和文化背景。所以不同地域、不同民族、不同国家的人，其思维方式是存在差异的。例如绘画艺术，西方人一般追求"形似"，而东方人一般追求"神似""神韵"。西方油画中的竹子是绿色的，枝叶茂密。中国画中的竹子，却是黑色或朱色的，且粗枝大叶，寥寥几笔。西方人画的天使有翅膀，而敦煌飞天壁画中的那些美丽仙女却没有翅膀，但她们婀娜的舞姿，轻软绵长的飘带，依然能带给人飞翔的美感，且似乎更具艺术张力和诗意。

东西方人思维方式的差异，由此可见一斑。

通过文化，人们还能不断改进已有的认识工具，并创造出新的认识工具，从而使自己认识的能力不断提高。从望远镜到射电望远镜，从显微镜到 CT 机，从算盘到电子计算机，从航天飞机到火星探测器，都是很好的明证。

（四）文化具有传播功能

文化是人类精神家园的播种机。文化有着传递思想感情、宗教信仰、价值观念、科学技术知识以及文学艺术等文化信息的功能。文化的传播功能与文化的记录功能、认知功能紧密相连，把文明的火种撒向四面八方。文化传播与人类如影随形，不可分割。文化传播和交流是文化发展的基本动力。如果没有文化传播，任何文化都不会葆有生机和活力，最后都将消亡。可以说，文化即传播，传播即文化。中国古代的四大发明之所以能传入欧洲，现代社会中的新颖时装之所以能俏销各地，流行歌曲之所以能传唱四方，高新技术之所以能推广普及，靠的就是文化的传播功能。语言和文字是文化传播的重要载体。语言会传播，婴儿才会牙牙学语，于是一个地区乃至一个国家都能说同一种语言，各种信息才得以交流。文字会传播，一部二十四史才能为我们保存中国古代社会诸多信息。

实物也可以传播。张骞通西域，郑和下西洋，昭君出塞，文成公主入藏，促进了当时中国和邻国、汉族和少数民族之间的文化交流。从古代的丝绸之路到今天的欧亚大陆桥；从各种交易会上琳琅满目的商品，到艺术节里异彩纷呈的节目；从各种展览会、博物馆、运动会到科学大会、学术报告等，无不在利用文化的传播功能促使文化广泛交流。

随着科技不断进步，文化传播功能更臻完美。电话、电报、电台、电传、网络，使天涯若比邻，四海成一家。世界上每个角落发生的事情，通过文化传播的媒体，几乎可以同时知晓。文化传播还可以跨越时空。上下几千年，纵横亿万里，各种事物都可以通过文化的传播功能去认识。1977年，美国先后发射两艘宇宙飞船，载着地球上人类的各种信息，包括莫扎特乐曲、中国的《二泉映月》，以及许多数学符号，飞向茫茫的太空。这是一次人类利用文化传播功能向宇宙传播人类文化的尝试。

（五）文化具有教化功能

文化是无形的学校。文化是人创造的，文化一旦被创造出来，又作为一定的文化环境，影响和制约着人。人就是在文化的影响、塑造中自我完善的。所以文化一词又有"教化"之意。教化人、塑造人是文化的根本功能。所有其他功能都与此有这样或那样的关系，甚至可以说是由这一功能派生出来的。

人是文化的动物。人们不难发现，每个人不仅降生于母亲的身体，而且都降生在一定的文化之中。在吸取母亲的乳汁的同时，也注定要吸取文化的"乳汁"，接受文化的熏陶和洗礼。这是因为，一个婴儿来到世间，还只是一个什么也不懂的"自然人"，必须通过一定时期的学习和教育，才能逐渐脱离动物性，成为一个社会人。在人的社会化过程中，文化环境起着极其重要的作用。在这个文化环境中，父母教他学说话，教他识别器物，教他爱憎。入学后，学校教他知识，教他做人。社会上各种道德伦理、法律规章，风俗习惯、礼仪礼节，都在引导他适应社会。文化通过耳濡目染、潜移默化的方式，使人按照社会的价值取向来思想和行动。由于文化对人的影响具有潜移默化的这一特点，因此，文化的教化功能又可以称为"默化功能"。

在人类社会的发展过程中，随着人的文化环境发生变化，人们的思维方式、行为习惯、价值观念都会受教化功能的影响而发生变化。这是文化发展的一条重要规律。所以，历代统治者把教化百姓当成政治的第一要务。

文化的教化功能既能是积极的，也可以是消极的。先进的文化可以教育人，落后文化、腐朽文化对人的消极影响也不可低估。因而我们要积极营造健康向上的文化环境，坚持中国先进文化的前进方向，抵制落后文化、腐朽文化的影响。

（六）文化具有凝聚功能

文化是民族的"心理水泥"。作为民族之根、民族的精神血脉，文化具有凝聚全民族的功能。文化的凝聚功能是教化功能的延伸。因为文化可使一个社会群体中的人们，在同一文化环境中得到教化，为他们的思维方式、价值观念涂上基本相同的"底色"，形成稳定的民族认同，而紧紧团结在一起，产生巨大的认同抗异力量，维系民族的生生不息。文化的凝聚功能在民族群体中表现得尤为明显。世界史上，苏联战胜德国法西斯，中国打败日本侵略者，一个重要原因就在于，文化的凝聚功能动员起千百万人民，汇成无敌于天下的抵御外敌的伟大力量。

（七）文化具有调节功能

文化是社会的调控器。社会是人的社会，而每个人所处的环境、自身素质和物质精神需求又不尽相同，因而始终存在人与自然、人与社会、人与人等矛盾。如果这些矛盾不能妥善解决，社会生活就会陷入无序状态。因此，为了保障社会生活的正常进行和人类的生存发展，所有社会成员必须共同遵守一定的社会规范，文化就是这种社会规范的系统化，包括道德、礼仪、习俗、禁忌、纪律、法律、制度等，它告诉人们什么行为可以做，什么行为必须做，什么行为不能做，以此来规范和调节人们的行为方式和行为习惯，使社会有序、和谐和可持续发展。

（八）文化具有价值功能

文化是社会价值选择的指南针。任何社会形态的文化，本质上不只是对现行社会的肯定和支持，而且包含着对现行社会的评价与批判，它不仅包含着这个社会"是什么"的价值支撑，而且也蕴含着这个社会"应如何"的价值判断，以维护这个社会的稳定和引导其持续发展。

文化是人们行为意义的度量衡。人所生活的环境，奉行什么样的文化模式，推广和灌输什么样的价值观，人就会通过接受教化的过程，通过不断处理与周边各种关系的过程，调整自己的观念和行为，以至于最终内化成为自己的价值选择和行为方式。文化作为一定的价值体系使人形成十分明确的价值需求和取向。人们通常根据这类需求和取向的基本要求，评价和判断一个人的"文化"程度，即看他的思想道德处于什么样的水准。文化是当代社会的"指示"系统，它不仅向人们昭示着追求高尚德行的准绳，而且规范着人们的行为选择，使人们的行为更具理性。

（九）文化具有动力功能

文化是经济发展的驱动轮。文化对经济的推动作用主要表现在：一是文化的导向赋予经济发展以价值意义，经济制度的选择，经济战略的提出，经济政策的制定，无不受到社会文化背景的影响以及决策者文化水平的制约。文化给物质生产、交换、分配、消费以思想、理论、舆论的引导，在一定程度上规定了经济发展的方向和方式。二是文化赋予经济发展以极高的组织效能。人作为文化的单元，不仅受文化熏陶，而且也依一定的原理相互感通，相互认同，从而形成社会整体。文化的这种渗透力是人的社会性的体现，它能够促进各个国家和地区之间的相互沟通、交流与合作，保证经济生活与社会生活在一定的组织内有序开展。三是提供精神动力。通过文化建设，可以使社会各个阶层形成共同的价值观念和思想观念，形成振兴民族经济的坚定信念，化为加快经济建设的强大动力，推动人们万众一心，奋发进取，艰苦奋斗，去实现现代化建设的宏伟目标。四是提供智力支持。通过文化的教化功能，培养造就高素质劳动者、建设者和各种专门人才，推进科技创新，赋予经济发展以更强的竞争力。五是形成新的经济增长点。当代世界文化与经济、政治日益交融。文化不仅是综合国力的重要标志，而且是综合国力的重要组成部分。文化产业已日益成为许多国家的支柱产业。像电视、电影、出版、音像、文艺演出、工艺美术、体育比赛，乃至广告、信息、传播、娱乐等产业，已越来越发展为庞大的产业集团，成为经济结构中的重要组成部分。

文化是社会变革的发动机。文化是人类社会的灵魂，也是人类社会发展的内在驱动力，是人类社会不断进化发展、实现自身本质力量的重要手段。人类社会发展的历史表明，当一种旧制度、旧体制无法适应生产力、无法适应经济基础进一步发展需要的时候，文化对新制度、新体制的建立起着重要的先导作用。蕴藏在新制度、新体制中的文化精神，一方面为批判、否定和超越旧制度、旧体制提供锐利武器，另一方面又以一种新的价值理念，给人们以理想、信念的支撑，推动革命阶级和人民群众去变革社会，促进社会制度的创新发展。文艺复兴对于资产阶级革命的推动和资本主义制度的建立，五四运动对于新民主主义革命的推动和中华人民共和国的建立，20 世纪 70 年代后期的真理标准大讨论和思想解放对于改革开放的推动和社会主义市场经济体制的确立，都证明了文化的强大动力作用。

对于个体，文化又是一根无形的鞭子，一座无形的加油站。文化的教化功能赋予人理想、信念、价值目标，赋予人坚强意志和奋斗精神；赋予人学习的榜样激发人无穷力量；推动人不断超越自我、追求至善至美，自强不息，不断前行。

（十）文化具有创造功能

文化是新发明、新创造奔流不息的长河。文化的本质在于创造。世界上没有一成不变的文化，创新是文化的本质属性。马林诺夫斯基认为，文化过程就是文化变迁。文化变迁是"现存的社会秩序、包括组织、信仰、知识以及工具和消费者的目的，或多或少发生改变的过程"。

文化创新是一个民族的文化绵延不断的重要根源。以服饰文化为例，远古时代，人们以树叶兽皮遮体御寒。到了新石器时期，人们逐渐学会了把野麻纤维用石轮或陶轮搓捻成线，织成麻布，再做成衣服。到了奴隶社会，人们的衣服已经成为等级的标志。服饰不仅有了保暖、遮羞功能，而且有了区分身份等级的功能。随后，中国古代服饰又在各民族服饰融合的基础上，先后经过多次变革，才发展为近代、现代中国服饰，而且它还在不断变化中。在一定意义上说，文化发展的历史就是不断推陈出新的历史。没有推陈出新，就不会有文化的发展，也就没有历史和社会的发展。

继承与创新是文化传承中不可分割的两个方面。两者对立统一于文化传承的全过程。我国现阶段的文化创新，就是立足当代中国文化建设的实践，面对本土文化和全球文化的合理资源，推陈出新、继往开来，批判扬弃、创造转化，锻铸出新型文化形态；就是创建超越中国传统文化和资本主义文化的新文化，就是创建有中国特色的社会主义文化。我们既是文化的享用者，又应该成为一个文化的创造者。作为文化创造者，我们每一个人在文化创新中都负有责任。

第二节 亚文化概述

一、亚文化的涵义

亚文化又称集体文化或副文化，指与主文化相对应的那些非主流的、局部的文化现象，指在主文化或综合文化的背景下，属于某一区域或某个集体所特有的观念和生活方式，一种亚文化不仅包含着与主文化相通的价值与观念，也有属于自己的独特的价值与观念。英国文化研究者雷蒙·威廉斯将亚文化界定为"一种可以辨识的小型团体之文化"①。而另一位著名的文化研究学者约翰·费斯克则提出:"亚文化是总体文化中种种富于意味而别具一格的类型。它们同身处社会与历史大结构中的某些社会群体所遭际的特殊地位、暧昧状态与具体矛盾相应。"②费斯克对亚文化的界定,其实是对青年亚文化领域的关注与研究。他指出,这个术语及其支撑理论几乎仅在有关青年的研究与揭示领域获得发展,其中尤其突出的是针对异端行为的研究。亚文化研究主要关注的是西方阶级社会中,年轻人如何在权力与财富分配不均的环境下,发展他们自己特殊的、具有象征意味的文化。在英国,亚文化研究者较多集中在针对第二次世界大战后英国不同青年群体的外貌、行为及其想要表达的意义进行理论化的解释方面,尤其是工人阶级青年亚文化群体,通过研究他们"惊世骇俗"的外貌和行为,认为他们的另类的穿衣打扮以及往往被多数人视为具有异端性和威胁性的行为是年轻人对主流文化的反叛和抵制。

亚文化有各种分类方法,罗伯逊将亚文化分为人种的亚文化、年龄的亚文化、生态学的亚文化等。如年龄亚文化可分为青年文化、老年文化;生态学的亚文化可分为城市文化、郊区文化和乡村文化等。在表现形式上,第二次世界大战开始,学者开始关注的亚文化群体有:欧美的无赖青年、光头仔、摩登派、朋克、嬉皮士、雅皮士、摇滚的一代、迷惘的一代、垮掉的一代、烂掉的一代,到国内的知青、流行歌曲、摇滚乐、美女写作、棉棉等另类作家、春树等80写作、戏仿经典、小资、漫画迷、网络红人(木子美、芙蓉姐姐等)、超女追星族(玉米、凉粉、笔迷等)、恶搞文化、山寨文化、90后非主流、同性恋文化等。

---

① [美]雷蒙·威廉斯著,刘建基译.关键词[M].北京:生活·读书·新知三联书店,2005:109.

② [美]约翰·费斯克等编,李彬译.关键概念[M].北京:新华出版社,2004:281-282.

二、亚文化的特征

（一）在价值取向上，亚文化是相对于社会主流文化而言的

尽管从分类上看，亚文化仅是作为整体文化的一个分支而存在。但是，亚文化相比于其他部分文化，又有其形式与内容的独特性。主流文化是指表达社会主体要求（国家意志、利益和意识形态）的文化，为社会大多数人所接受。而亚文化指那些非主流的、局部的文化现象。即在主文化背景下，属于某一区域或某个集体所特有的观念和生活方式，在社会、经济和伦理方面具有独特特征的群族。他们既有与主文化相通的价值与观念，也有属于自己的独特价值与观念。如"犯罪亚文化""黑帮文化"中的讲义气、拜关公、严格遵守内部等级的群体亚文化精神。它能赋予成员一种可以辨别的身份和属于某一群体或集体的特殊的精神气质。

（二）亚文化被视为一种带有地下性的、某种程度的秘密性的文化

亚文化往往在特定的圈子内活跃，不被圈外人所了解和理解，例如同性恋亚文化。同性恋是一种性取向，那些与同性产生爱情、性欲或恋慕者，称为同性恋者。同性恋有时也用来描述同性性行为，而不管参与者的性取向如何。同性恋者作为一个亚文化群体，具有独特的行为规范和方式。2001 年 4 月 20日，《中国精神障碍分类与诊断标准》第三版出版，在诊断标准中对同性恋的定义非常详细，同性恋的性活动并非一定是心理异常。由此，同性恋不再被统划为病态。不再把同性恋看作一种病态心理，这是中国社会的一个进步。但是，同性恋关系在我国尚未合法化，社会上大众对同性恋群体仍存在一定程度的歧视与偏见，造成了这个群体的隐蔽性，他们有自己活跃的交

流场所和沟通方式。同性恋的活跃程度往往高出他人的预估，但却因其具有一定的地下性与秘密性，而不被他人所知晓。

事实上，自古以来，中外就存在同性恋现象。古希腊的柏拉图在《会饮篇》里谈到苏格拉底如此看待同性间的爱慕："众所周知，爱与爱神是不可分离的。如果只有一位爱神，那么只会有一种爱，但因为有了两位爱神，所以就产生了两种爱。难道我说错了吗？年长的天之爱神没有母亲，她是天王星的女儿；年幼的地之爱神是宙斯和狄翁娜的女儿……地之爱神留给人间的爱为女性所感受到……而天之爱神留给人间的爱来自一位没有女性躯体的母亲……感受到这种爱的人就是男性。"

在当代，同性恋的产生是有多种原因的，如"环境与经历的影响""角色问题"等。所以，只有正视同性恋群体，才能减少由于同性恋群体的地下性、隐藏性所造成的婚姻问题、性伙伴混乱等社会问题。

（三）亚文化可能意味着对主流文化的一种抵制和抗拒，对主流价值观保持一种拒斥和批评的态度

亚文化的对主流文化的抵抗，往往是风格化、仪式性的，往往停留在闲暇领域。例如 20 世纪 60 年代的嬉皮士运动，那是美国自第二次世界大战以来最为深刻严肃的历史时期，源于物质生活的极大丰富和传统信仰的缺失。那时，年轻人的迷惘和其与日俱增的社会责任感产生了激烈的碰撞，在摇滚乐的催化下，年轻人开始融合在这个矛盾中，并最终形成了那个时代最具代表性的文化现象，一种完全自发而纯粹精神性的运动。当时，在学生反叛的历史氛围之下，嬉皮士运动形成规模，嬉皮士文化蔚成风气。当时，许多年轻人以着奇装异服，留长发，蓄长须，穿超短裙，吸毒品，听爵士乐，跳摇摆舞，同性恋，群居村等极端行为反抗社会，抗拒传统。虽然从表现形式上看，嬉皮士运动与积极参与政治生活、批判政府的学生反抗运动相反，不是通过积极的社会宣传来参与社会改造和改良，而是以

遁世的方式对社会做出的一种消极的反抗。但实际上，嬉皮士们自己认为，西方社会正处于新旧文化的交接点上，他们是时代的先锋，正在积极地创造一种新生活，开创一种亘古未有的新事业。嬉皮士们所笃信的箴言是，"做自己的事"（do your own things），体现出他们对现实、对传统的蔑视和反抗。嬉皮士们希望通过逃避主流社会，随心所欲的放荡和不受任何约束的自由自在的生活，找回在高度发达的现代理性社会中所丧失的人的原始情欲，恢复在人的个性中所包含着的文化创造的动力，抗拒现代理性社会对人性的扼杀，以求达到文化的超越、人的精神的解放和人的生存状态的更新。他们相信，随着嬉皮士运动的兴起，大众将出现新的觉醒，一个真正自由、平等、博爱的新世纪即将破晓。这正意味着"青年亚文化用引人注目的风格标志着资本主义的共识的破灭和瓦解"。

（四）亚文化可能发展成为主流文化

随着社会的发展，有些亚文化逐步消逝，而有些曾饱受歧视的亚文化现象则逐渐被社会大众所接受并发展成为社会主流的文化现象。例如，曾经作为青年叛逆群体特有的牛仔裤，摇滚乐现在也成为大众日常的服饰和音乐形式。另外，在一些发达国家，同性恋也逐渐实现了合法化。

第三节　大众与大众社会

一、大众社会产生的历史语境

大众社会是一个区别于传统社会的现代概念。德弗勒和鲍尔-洛基奇在《大众传播学理论》一书中，曾对大众社会下的界定："大众社会的概念不等于数量上的社会，世界上有许多社会有着巨大数量的人口，然而就其社会组织而言，它仍然属于传统社会。大众社会指的是个人与周围社会秩序的关系。"大众社会与传统社会最大的区别，不在人口数量的多少，而在结构关系的不同，而这种不同又主要体现在大众与大众之间，大众与社会权利精英之间关系上的不同。大众文化是近代化的产物，是近代政治、经济、社会、教育、传媒等诸多历史条件发展的综合性后果。

（一）政治民主化

现代化的过程，也就是世俗化、民主化的过程。在资本主义民主化过程中，资产阶级知识分子提出"天赋人权""自由""平等""博爱"等启蒙观念，唤醒了底层民众的权利意识，资产阶层借以颠覆封建权力的口号，逐渐被内化为民众的主体意识，他们首先逐步获得了自由的人身权。其次，又在资产阶级政权的合法化浪潮中获取了选举权，中下层民众逐渐成了国家政权的一个不容忽视的力量。无论如何，资产阶级必须通过数字化的选票来实现自己的政权的合法化，至少在资产阶级内部制造了竞争的压力，赋予了民众基本的决策权，从而抑制了个人专断和权力世袭等传统政治的弊端。再次，言论自由和出版自由又确保了民众可以发出自己的声音，作为依附阶层的知识分子，或者偷窥资产阶级，参与政权；或者被资产阶级排斥，成为市民阶层的代言人。这种知识分子的分化，也为言论领域的自由、开放和多元提供了可能性。鉴于此种民主化的进程，国家意识形态已经削弱了其对市民阶层的暴力能量，大众第一次成为历史舞台上不可或缺的主体。

（二）经济市场化

随着近代资本主义经济萌芽的出现，及紧接着的几波工业化浪潮，普通民众迅速走出物质匮乏的时代，中世纪、封建社会的自给自足的小农经济破产了，取而代之的是自由贸易和自由市场，社会分工加剧了，社会成员之间的相互依赖更加密切了。首先在中产阶级的受众有了可供自由支配的财务，随后又在中下阶层的手中，出现了衣食住行之外的剩余货币，于是，他们的精神文化和艺术需求终于有了财富的支撑。即使作为个人，他们的支付能力相当弱小，但作为一个群体，他们的支付能力却不容小觑。一部分艺术家发现，自己完全可以摆脱贵族市场，结束与贵族的依附关系，不再扮演被圈养的角色，没有了直接的主人；不再直接面向贵族生产；而是面向无名的市场来生产，而且其得失成败完全取决于市场规则，出现了"为市场的艺术"，艺术开始走向大规模复制，降低了其生产成本，从而又进一步扩大其传播范围。可见，伴随着大众阶层的兴起及其地位的提升，及其剩余货币的积累，为知识分子和艺术家提供了新的支持，为大众而生产的文化繁盛起来了。

（三）生存空间城市化

城市的人口流动和人口集中，造成了文化的大融合，形成了迅速更替的文化潮流，文化节奏明显加速，支撑了城市文化的多样性和文化的大规模生产。伴随着工业化城市的建设，城市里产生了一个庞大的背井离乡的、无名的、有着复杂精神需求的群体，他们在工业化节奏之余，需要释放自己的压抑和需要。于是城市中建设了大量的公共文化设施，如图书馆、歌剧院、舞厅、歌厅等。19世纪中期，欧洲主要大城市里开始出现了百货商店，人潮涌动，大量的商品供应，支撑了消费浪潮的勃兴。工业化的产品在琳琅满目的百货商场里诱惑着大众的购买欲，各种媒体内容构造的时尚文化吸引着大众的不断消费。

（四）社会市民化

随着世俗化社会的形成，在中心城市里出现了一个庞大的市民阶层，其中的一部分忙于生计，汲汲于工业化节奏的工作、家庭生活、购物、休闲和娱乐等活动。此外，从市民阶层中还诞生了一批不甘于整日忙碌生计而渴望向社会上层流动的、受过较高等教育的文化人。他们不是贵族出身，使得他们必须接触下层民众，他们是消息灵通者，又有自己的独立意志和判断能力，能够通过集体的压力向统治阶级施压。于是出现了一批在普通市民家庭中成长、具有草根意识的知识分子，他们用自己的文化素养为市民阶层鼓与呼，在咖啡馆、酒吧、茶馆等公共空间里，形成了一个意见领袖。他们关注民生疾苦，议论国家大政方针和社会正义，以自己的情怀扮演着市民阶层的代言人角色。作为个体来说，他们弱小无力，但作为无名的群体来说，他们来势汹汹，影响巨大。

（五）教育大众化

在工业化之后，教育垄断已经日渐困难。一方面，普通城市民众需要适应城市的生活，信息流通的加速，使得他们迫切需要通过教育来提高自己认识周遭环境的能力，他们需要找到很好的工作，赚更多的钱养家糊口，甚至提高自己的阶层地位；此外，民众与上层阶级居住在同一城市，上流社会的消费时尚成了底层民众的效法对象；最后，新兴的工商业阶层需要自己的员工能够识字，并承担必要的文字工作，会操作机器，并可以对工业设备进行维修维护。在上下阶层的双重需求下，各大资本主义国家都产生了一波大众教育的浪潮，城市市民的识字率迅速提升。他们开始懂得简单的算术，可以阅读一般的大众化报纸来获取必要的信息，而不再完全依赖经验和狭隘小圈子里的口头传播。

（六）传播媒介大众化

传媒在封建时代是一种稀缺资源，再加上封建社会的阶层结构，使得统治阶级有意识地压制底层的文化素养，并严格控制信息的传播，故而实际上直接影响到科学技术的传播及被推广应用的速度。首先，传媒的滞后，使信息流通在社会底层非常缓慢和迟滞，从而也可以确保这种民众的普遍愚昧状态比较便于王朝的专制统治。在中国，从东汉发明造纸术、到宋代毕昇发明活字印刷术，都较西方为早，但因为政体的落后，技术的推广应用反而非常缓慢，无法惠及广大民众。其次，统治阶层有意识地压制中低阶层的信息自由和传播自由，打压民间的传播媒体，以"反启蒙"的心态来捍卫自己的文化特权。在欧洲，现代印刷术的发明虽然很晚，但由于中世纪神权政治的危机已经出现，思想启蒙和社会的世俗化，使得古腾堡的技术进步迅速被资产阶级政客及知识分子用来作为摧毁众世界体系的武器。新兴的资产阶级在握有经济实权之后，展开了阶层的意识形态攻势，用大众传媒摧毁了教会统治《圣经》解释权的历史。随着《圣经》可以借助印刷技术被普遍的复制，教会的思想控制机器失效了，典型的例子就是德国的宗教改革运动，摧毁了教会的解释权，这一"去魅化"进程，成了思想启蒙的一个重要工具。

正是在上述的社会历史转型的基础上，作为一种政治力量的大众出现了，他们集聚在大中城市，严重依赖于市场交换，信息流通开始加速，他们的精神需求很快被一批依赖于市场生产的文化专家抓住，这样，大众文化开始萌芽、成长和成熟。

二、大众之间的关系

大众关系在静态上呈现"异质化"特点：随着现代社会的高速发展，分工越来越细致，越来越专业化，高度专业使每个人的存在都依赖于他人，人与人之间的关系较以前更为紧密，合作程度更高。但是人们在这种相互合作的关系中，并没有形成一个具有凝聚力的整体，而是"出现了大量隔绝疏离的个人"，被称为"乌合之众""群氓""孤独的人群"。本雅明认为：现代社会人们聚集在狭小的城市里，空间上相互接近，心理上相互疏远，相互戒备。这种戒备造成人与人之间的疏远和冷漠。

例如：现代高楼上的邻里关系淡薄，坐公交车时，人们互相张望却互不搭理，互相戒备。

大众关系在行为趋向上呈现"同质性特点"：即有相同的行为结构，容易受到外部力量的操控和影响。"同质性极高的人群的集合体"没有什么两样，但在他身上却再现一种普通原型。大多数人、群众的形成往往意味着组成群众的个人欲望、思想观念和生活方式上的一致。

由此可见，在人与人的关系上，现代大众是异质性和同质性的统一体。

第二次世界大战后，美国兴起了大众社会理论，米歇尔指出，在战后美国四五十年代，美国社会愈来愈趋向权利集中化，这种权利集中体现在三种精英集团身上，一是以全国性的垄断商业集团为代表的经济精英，二是以军队为代表的军事精英，三是以政治官僚为代表的政治精英。这三种精英相互勾结，不断加强着对美国社会的垄断和控制。在这种情况下，美国人民从具有高涨政治热情的公众开始转向散漫的大众转向，这就出现了"大众社会"。在权利的高度集中化过程中，美国人民已经不再是行动自主的公众。"他失去了独立，而更重要的是，他失去了对独立的渴望，事实上，在他的头脑中和疲沓的生活方式中，根本就没有独立个体的概念。"在这种情况下，大众只是受到操纵的群氓。肯豪瑟分析了大众社会的三个层次：第一层是家庭，即私人性和最基础性的社会关系；第二层是处于国家和家庭之间的中介性关系，以地方社群、志愿组织、职业团体为代表；第三层是国家，包括整个的认可。在这三个层次中，基础层次是鼓励的，国家层次是集权化的，中阶层则是虚弱的，几乎不起什么作用，这就使得个体和基础团体只得直接与国家和国家范围的组织联系。正是在这一意义上，我们把大众社会看作是原子化的社会。在大众社会中个体之间的联系很少，不能形成一个相互依赖的群体，他们直接面对国家和精英，其所导致的后果是大众很容易被国家和精英所操控。

由以上所述，我们对大众社会做一概括性的界定：大众社会是区别于以往传统社会的新的社会结构形态，是工业革命以来，随着现代政治、经济和文化的发展而逐渐形成的。其突出特点是出现了大量异质的、分散的、原子化的个体，个体之间缺少传统的稳固的联系而直接面对国家和权力精英，从而很容易被操控；但大众社会高度的个体化，也使之带有很强的民主性和平民化，体现了大众社会的两面性。

大众和大众社会的这种特点对大众文化产生了极大的影响。

三、大众与公众的区别

公众由古典民主主义理论建构起来的一个政治性主体形象，是一个政治学上的概念。公众是指分布广泛、规模大，在社会上围绕共同关心的公共事务或问题，通过公开、合理的讨论而形成的能动的社会群体。他们是社会公共利益的维护者，其行为是有理性的，因此，卢梭把公众称为民主政治的基础，认为公众的意志——公意代表了共同体的最高意志，是不可摧毁的。

美国社会学家米尔斯曾从 5 个方面区分了大众与公众的不同：

（1）就表达意见和接受意见的人数比例来看，在公众当中，有许多人既表达意见也接受意见，而在大众当中，表达意见的人比接受意见的人要少得多，大众倾向于接受群体的意见；

（2）对大众传播反应的可能性而言，公众可能会有立即的反应，大众反应困难；

（3）就意见转变为社会行动的难易而言，公众比较容易，大众则比较困难；

（4）就在社会中的自治程度而言，公众的自治程度高，权力机构较难进入自治的公众领域，大众的自治程度低，易受权力机构的操控；

（5）就传播统治的方式而言，公众参与民主运作讨论，大众由传播掌控社会，人们很少参与讨论。①

美国社会学教授唐纳·格伦勃格，曾举例说明了大众与公众的区别。他说，地下铁路突然停电，有五十人被困，当这五十人各自找出路时，他们是大众；当他们彼此发现遭遇同样的困境后，共同设法求救时，即为公众。虽然每个人提出的求救方法不同，甚至相互冲突，可他们求救的意愿和设法摆脱困境的意见是一致的。简言之，公众有共同的目标，这共同目标是通过共同讨论形成的，是一种理性行为，而大众则缺乏这种理性。②

四、大众社会与大众传播

媒介是一个社会子系统，它并不是孤立存在的，而是社会的有机组成部分，它的存在和发展和其他子系统存在着密切关系，这种关系的总和即媒介生态环境。媒介存在环境对媒介发展的意义主要体现在：

（1）决定媒介制度；

（2）决定媒介发展水平；

（3）决定媒介的改革方向和改革力度；

（4）决定新闻媒介的运作模式和操作方法；

（5）决定媒介的行业规范，职业理念和运作方式。

大众传播与大众社会的形成以及大众文化的兴起有着非常密切的联系，没有现代的大众传播手段，也就不可能有现代大众社会的繁盛。所谓大众传播，是"由一些机构和技术所构成，专业化群体凭借这些机构和技术，通过技术手段向为数众多、

---

① ［美］米尔斯著，王崑等译．权力精英［M］．南京：南京大学出版社，2004：384－386.

② 张慧元．大众传播理论解读［M］．苏州：苏州大学出版社，2005：33.

各不相同而又分布广泛的受众传播符号的内容。"①

结合汤普森、麦克卢汉关于大众传播功能的阐述，可以从以下几个方面概述大众传播较以往传播形态的重大转变。

（1）受众的不确定性。即受众并不一定出现在信息生产、传播和扩散的现场，因此，参与信息生产、传播和扩散的人员就丧失了面对面传播所具有的直接的、持续的特征，造成了传播的"不确定性"，而这种不确定性促使传播者想尽一切办法减少它，引导受众按照自己的路子走，这就有了许多人为因素和控制机制。

（2）传播内容的可储存性——耐久性、延伸性。即大众传播媒介信息的可储存性，使得传播有了耐久性，可以被延伸、被历史化，它们既属于过去，也属于未来。它实际上已成为我们历史的一部分。

（3）传播信息的普遍商品化即大众传播信息可以作为商品在市场上交换，可以赚钱。这一点在现代社会非常明显。

（4）议程设置说。即受众似乎可以无限制地获得信息，但信息的传播却通过各种方式受到了限制和管理，受众实际上并不能自主获得自己想获得的信息，他只能获得媒介提供给他的信息。也就是说，媒介在传播信息的同时也会遮蔽信息。

（5）"媒介即讯息"。媒介绝不仅仅是一种工具，一个承载内容的"形式"或载体，它本身也会对人产生"内容"方面的作用，使人产生或形成与媒介相关的行为方式与行事标准，这种标准和方式不是媒介的具体内容带来的，而就是媒介本身的性质决定的。

麦克卢汉认为媒介即是讯息指的是媒介对个体和社会的影响源于新的尺度的产生；任何一种新的媒介都要在人们的事务中引进一种新的尺度。并指出，任何媒介的讯息是由它引入的人间事物的尺度变化、速度变化和模式变化。一种新媒介的出

① ［英］麦奎尔著，祝建华、武伟译. 大众传播模式论［M］. 上海：上海译文出版社，1987：7.

现总是意味着人的能力获得一次新的延伸，从而总会带来传播内容（讯息）的变化。麦克卢汉的这种观点使人们研究媒介的思维方式由平面思维进入立体思维，从微观思维进入宏观思维，由单一片面思维进入全面思维。这种研究问题的视角方法有助于人们能更科学地寻找个体心理和社会变化的原因，从而制定出比较客观准确的解决问题的对策。而麦克卢汉认为媒介带给个人与社会的影响并不在于媒介传递的内容本身，"铁路的作用，并不是把运动、运输、轮子或道路引入人类社会，而是加速并扩大人们过去的功能，创造新型的城市、新型的工作、新型的闲暇。无论铁路是在热带还是在北方寒冷的环境中运转，都发生了这样的变化。这样的变化与铁路媒介所运输的货物或内容是毫无关系的"①。

从而可以看出，媒介本身才是真正的讯息，也就是说，人类有了某种媒介才可能从事与之相应的传播或其他社会活动，因此真正有意义的讯息不是各个时代的传播内容，而是这个时代所使用的传播工具的性质，以及它所带来的可能性和造成的社会后果。简单地说，没有媒介就没有信息的传播，媒介是社会发展的动力。

第四节　大众文化概述

一、大众文化的定义

大众文化，主要是从西方移植过来的概念，对应英语"popular culture"，有时也被翻译成"流行文化""通俗文化"，而对应的另一个英语"mass culture"，往往带有贬义，指"乌

---

① ［加］麦克卢汉著，何道宽译. 理解媒介——论人的延伸［M］. 北京：商务印书馆，2000：33、34.

合之众"的文化，具有很强的意识形态性与阶级批判性，在全球化文化交融与文化的大众化态势下已日趋式微。

在给出大众文化的具体定义之前，需要注意的是大众文化在研究之初便天然地具有一定的政治意涵与社会批判性。费斯克指出对大众文化正面与负面的评价，很大程度上取决于你对"民众"的看法。所以在确定大众文化的定义之前，我们需要思考两个实质性问题。第一，大众文化究竟是加诸于民众（通过媒介公司或国家机构），还是源自于他们自身的经验、趣味、习惯等。第二，大众文化究竟是仅仅表现某一无权无势的下层阶级的状况，还是某种可与主流文化或官方文化相抗衡的自主而具有潜在解放功能的源泉，属于认识与实践的替代性方式。大众、大众文化概念不能脱离政治，实际上，如果不将意义方面的社会化生产与再生产同经济与政治方面的分化和阶级方面的对立联系起来，那么大众文化的研究不可能获得长足发展。[①]

约翰·斯道雷在《文化理论与通俗文化导论》中对大众文化的概念做了最广义的理解，并对其各种不同的含义进行了梳辨析、归纳，列出可定义"大众文化"的六种方式以及相应的六种定义，可以帮助我们更全面、深入的理解大众文化。

（1）"广受欢迎，或众人喜好的文化。"该定义强调"量"的方面，即大众文化受众在数量上的绝对优势，体现了大众文化的流行性。但是，量的基础难以确定，正如斯道雷所说："除非我们定一个基数，大于这个基数就是流行文化，小于这个基数就只是文化，我们会发现广受欢迎或众人喜好的东西包括太多，这样的流行文化定义实际上毫无用处。"

（2）大众文化是在确定了高雅文化之后所剩余的文化。该定义是在质的方面进行文化界定，是一种等级化的划分，一种价值评价。认为高雅文化是形式复杂、深奥难懂的文化，并因此把大众文化排除在外，这是一种等级化的排除。这种定义方

---

① ［美］约翰·费斯克著，李彬等译注. 关键概念：传播与文化研究辞典［M］. 北京：新华出版社，2004：212—214.

式注重大众文化与高雅文化的明显区别，但忽略了二者之间的复杂关系。

（3）"为满足大量消费而大批生产的文化，其观众是没有鉴别力的消费者。"这种观点主要从批判或否定意义上理解流行文化，无视它的积极意义，而且带有强烈的怀旧色彩，怀念失落的"朴真社会"与"民间文化"。法兰克福学派认为大众文化威胁了工人阶级的传统生活方式，利维斯主义认为大众文化威胁到了贵族的高雅文化。

（4）"为人民服务的人民文化。"这一定义强调大众文化是人民自己创造并为人民服务的，"浪漫的"把工人阶级的文化看作是对抗资本主义社会的文化，肯定了人民的抵抗能力，但未能指出这种创造的来源问题。因为大众文化的原材料是商业提供的。

（5）葛兰西霸权主义认为，大众文化是社会中从属群体的抵抗力量与统治群体的整合力量之间相互斗争和谈判的场所。这一定义既不把大众文化理解为法兰克福学派所说的服务于统治阶级的强制文化，也不把它天真的理想化为自下而上的、自发的人民文化，而是各种文化力量"交战的场所"。

（6）后现代主义文化认为大众文化指那种消融了"高雅文化"和"大众文化"之间、艺术与商业之间界限的文化类型。这种理解把握住了大众文化与高雅文化之间的相互融汇、相互渗透，但也引起了各种各样的争议。

以上不同的理解角度表明了界定"大众文化"的多种可能性记忆大众文化这个概念含义的丰富性。它表明，如何界定与理解大众文化，常常取决于研究者的角度和立场。那么，我们就结合当代社会实际，给大众文化下一个策略性的定义：

大众文化是指随着现代大众社会的兴起而形成的、与当代大工业生产密切相关，以大众传媒为主要传播手段、进行大批量文化生产的当代文化形态。大众文化的表现内容包括流行小说、商业娱乐性影视、流行音乐、广告文化等形态。

二、大众文化的特征

由于大众文化需要高科技的技术支撑、工业化的生产、商业化的运作，它所制造的又是一种诉诸人之视听感官的文化形式，所以，把它看成图像文化、工业文化、商业文化和高科技文化并无问题。而从这些层面入手思考，我们也确实更容易破译大众文化的秘密。下面，我们从以下方面分析大众文化的特征。

（一）技术化

所谓技术，是关于某一领域有效的科学（理论和研究方法）的全部，以及在该领域为实现公共或个体目标而解决设计问题的规则的全部。知识产权组织把世界上所有能带来经济效益的科学知识都定义为技术。

大众文化并不是任何社会形态都必然出现的现象，而是随着工业文明、消费社会及大众社会的兴起，而出现的文化形态，这是大众文化产生的社会文化基础，也是它的技术基础。可以说没有现代工业的发展，没有较高的物质文明，就不可能有现代大众文化的兴起与繁盛。其中CG（Computer Graphics）技术对大众文化的影响体现得最为突出。国际上习惯将利用计算机技术进行视觉设计和生产的领域通称为CG。它几乎囊括了当今电脑时代中所有的视觉艺术创作活动，如平面印刷品的设计、网页设计、游戏制作、影视特效、多媒体技术、以计算机辅助设计为主的建筑设计及工业造型设计等。

以电影为例，世界上最早的电影影像是一列火车行驶的镜头，当时把观众吓坏了，人们感觉火车要开下来一般。对于习惯于真实体验的观众而言，当时的虚拟影像给观众带来了巨大的震撼，使得人们将影像的真实与现实的真实相混淆，而制造这样视觉震撼技术一直在进步。从卓别林时期的无声电影到有声电影、从黑白到彩色，从窄银幕到宽银幕，从平面影像到3D立体影像……电影在技术进步的推动下，不断丰富受众的视觉经验，制造虚拟世界的影像盛宴。

现代社会中，文化产业与科学技术高度联姻，融合为密切关联的发展体系。科技进步不断推动文化产业的更新和调整，使文化产业获得迅捷、高效的发展手段；同时，在日新月异的科技平台上，文化产业也表现出向全球化、大众化、数字化、多元化的发展态势。

1. 资源配置"全球化"

随着信息技术的推广和应用，文化产业的发展表现出"横向规模化"和"纵向一体化"趋向，单纯的数量膨胀已经难以表达文化繁荣的真正意义。一方面，同质文化产业在资本、技术等资源优势推动下得到整合，规模日益增大；另一方面，同一产业链上的异质文化产业通过不同企业的兼并改组得以重整。看一下遍布世界各个角落的好莱坞大片、迪士尼动画片，就可以大致了解技术因素对文化传播的推动功效。

在现代信息技术的影响下，不管是文化产业还是文化化的产业，都有一种趋势，即试图超越地理界限，形成"全球化"态势，并且有意或无意地与意识形态联系起来，在一定程度上侵蚀他国文化。肯德基、阿迪达斯、芭比娃娃算不上真正的文化产业，更不是最好吃、最好穿、最好玩的，但却由于在一定程度上烙上美国文化的印记，并在当代科技推动下被附加上文化意蕴而成为世界知名品牌，成为传播西方文化的优势产业。

2. 服务方式"大众化"

在现代科学技术的影响下，文化产业的服务方式和消费方式表现出前所未有的丰富多彩，创造财富和吸纳就业的潜能有效发挥出来。网络文化产业的崛起颠倒了传统的产业链，内容增值服务带动硬件投资，使文化产业真正成为信息产业的高端，也给互联网企业聚集了大量的财富。以淘宝网、当当网为代表的网售模式不仅延伸了文化产业链，本身也成为一种产业。商家无需把售卖物品摆到市面或货架上，只要在网上介绍一下产品的性能、规格、价格等方面的参数，就可足不出户，增加销售业绩。

将科学技术、商业模式和文化内涵结合起来的文化产业，正从一个大众化的批量市场转向一个多元化的服务市场，文化消费和服务的范围不断扩大——文化产品的价格降低了，适用性增加了，更多的价值元素被注入。人们在享受科学技术发展带来的种种便利的同时，也不断调试着文化产品的"口味"。

文化产业服务方式"平民化""大众化"的另一表现是以科学技术为载体的创意产品大量涌现，像各种时尚靓丽的手机、笔记本电脑、MP4 等，都突破了传统观念，注入了科学技术与文化的内涵，体现出商家的匠心与消费者的追求。

3. 生产方式"数字化"

现代科学技术影响下的文化生产与传统的生产方式有很大区别。由于应用型软件可使人们便捷地将信息转移到生产资料和生活资料中，因此，以前是人机分离的生产方式，现在则成为人机融合；以前是机械的，现在则是智能的；以前复杂的工序，现在则变成了简单流程。

过去，文化生产中有许多工匠式的劳动，比如打字、排版、扫描、送稿、置景、造型等，既费时又费钱；现如今，依托日新月异的电脑、通讯和网络集成技术，艺术家、科学家、程序操作人员协作，可以在电脑里各司其职地制作图形、图像和音乐，生产出电子出版物、数据库，经过后期制作、包装然后发行，应用于有线互联网络。通过这样一个过程，文化资源积累的厚度、文化资源开发的广度、文化内容整合的力度显示出来，文化的辐射力和吸引力也得到了增强。

信息技术拉近了文化创造者、研究机构、人才培训、研发生产、市场流通诸因素之间的距离，不仅增强了文化的互动性，也从创新的角度给文化产业的各个层面以巨大的压力和推动力。在信息与网络构建的社会中，文化被作为商品大量复制：一方面，它打破了文化贵族阶层的存在，使人人都能接近、使用文化；另一方面，相当一部分文化失去了原有的魅力和艺术性，变成了消费者的"快餐"。

例：流浪汉的电子生活

我无家可归、完全没有家、彻底破产……但我还是有 iPad 和微星 Wind u130 上网本。我觉得这些是必备工具……没家在当今世界没什么大不了的，拥有通往整个世界的互联网倒是非常重要。

选择

我是自己选择成为流浪汉的，我在洛杉矶或卖或送的处理了自己的全部家当，搬到巴黎。我的旅行签证已经过期，在这里属于非法逗留，但我依然只在自己想的时候工作，过着安逸的生活。但如果我需要和别人取得联系，不论是联系朋友还是向巴黎公交部门抱怨票价，都离不开麦当劳的 Wi-Fi。

笔记本电脑和 iPad 在其他方面也很方便……我常在聚会上借助 iPad 当 DJ，在公园用笔记本电脑写书或拨打 Skype 电话。依靠 Skype、Google Voice、一些网站和 iPad 程序，我在过去半年里没付过一分钱国际长途话费和短信费。Google Ads 给我带来了一些收入，网络工作、自由写作让我从不需要忍饥挨饿。如果没有笔记本电脑，这些都不可能实现。

后勤

我用太阳能充电器给 iPad 充电，这充电器是我在 Craigslist 网站用一个旧 MP3 换来的。笔记本电脑基本都是在去电器店时充。麦当劳提供了很多免费的 Wi-Fi 热点，而且他们一般不介意你多坐一会儿。而且你可以在线订购麦当劳的食物，然后在柜台拿……这就是有形的流浪生活！至于充电频率，微星和 iPad 的电力都很出色，我平均每三四天才去充一次电。

谈到订购，现在有可充钱的 Visa 卡，我经常用。一来这样可以避免汇率问题；二来我表演魔术、当 DJ 收到的一般都是现金，我可以在 Virgin Megastore（欧洲的一家连锁家电卖场）把钱存到卡上。

我没有手机……因为我不需要。洛杉矶有很多流浪汉用手机，在长发下戴蓝牙耳机，看起来像是自言自语……我没问过他们是为什么用手机和耳机、又是怎么搞到的。

通信

我用 iPad 版 Skype 和 Google Voice 通信……巴黎每个公园基本都有免费的 Wi-Fi。用它们打给法国的移动号码基本都免费，Google Voice 则让我可以接到电话。我只需要花点时间通过 Skype、SIP、iPad 注册一些服务。Gizmodo、Lifehacker 等几家 Gawker 网站在这方面很有帮助。

在我没连上 Wi-Fi 的时候如果有人想联系我会很困难。我选择这种生活是因为我不为他人而活、不想浪费时间。我会在自己想打的时候打回去。

笔记本电脑和 iPad 带来了无与伦比的灵活性。说实话，尽管我曾为苹果公司工作过，但 iPad 的 Wi-Fi 信号接受能力真是糟透了。而且这两样东西都很小，可以放进不离身的小包里……那包里还有牙刷和我的 Zippo 牌的幸运打火机。

人们的反应

有意思的是，巴黎热衷科技产品。我碰到的很多人都问我觉得 iPad 哪儿好……当我说自己靠它过活时，他们的反应很有意思。人们看到电子玩物时都倾向于把你当作一个人来看待，而不是出来骗人、讨钱的瘾君子。我猜这和心理学有什么关系吧。

笔记本电脑在建立信誉方面也有很多助益。我靠写作谋生，虽然过去几个月有点困难。通过笔记本电脑展示作品比自己潦草的笔记本看起来更专业……不过我还是留着自己的笔记本。

自由鸟

最后，因为我经常移动、有互联网可用，我不太需要家。我这样的人其实挺普遍：我们被称为永久旅行者。

我们背包、搭车环游时间、用笔记本电脑工作在私占的住宅或 CouchSurfing、Hospitality 俱乐部这样的地方与其他永久旅行者碰头。也就是说，按照传统定义我们是流浪汉（Homeless），冬天到来我们就南下。上周我搭便车到了法国南部，一整周都待在戛纳和尼斯的沙滩上。再过两周我可能就到了伦敦。这绝对是一种很有趣的生活方式。但你也得跟得上音乐、电影、科技、政治的最新趋势。如果碰上当地经济不景气，最好继续迁移。

我认为人们不应该把流浪汉等同于疯子、邋遢鬼、破产者或别的任何形象。弄一部笔记本电脑并不难，房子？试试看吧。放弃的时候记得跟我说一声。

4. 资本主体"多元化"

从本质上说，富于创新精神和知识含量的文化产业，与不断进步的科学技术有着天然的亲和力，而资本总是倾向于流向有创新和文化含量、有核心竞争能力的新型产业。在现代信息技术的影响下，文化市场优化了资本的流动规则，资本对技术的依赖逐渐增强，资本决策者希望能在最广阔、最深入的领域里做最充分的选择，以找到最理想的投资方向。

值得注意的是，在科学技术的推动下，知识资本成为创造文化产品价值的实际推动力，领先于时代的精神内涵往往会带来意想不到的经济效益。

（二）商业化

商业性是大众文化的一个重要特征，是大众文化最基本的运作方式，也是大众文化经济功能的体现。中国目前盛行的"文化搭台，经济唱戏"的做法，显然是大众文化经济功能的典型体现。

商业化对大众文化的影响首先体现在其创新作用方面。詹姆逊曾明确指出"形象就是商品","大众文化产品和消费本身——与全球化和新的信息技术同步——像晚期资本主义的其他生产领域一样具有深刻的经济意义，而且完全与当今普遍的商品体系连成一体。"① "今天的美学生产已经与商品生产结合起来：以最快的周转速度生产永远更新颖的新潮产品（从服装到飞机），这种经济上的狂热的迫切需要，现在赋予美学创新和实验以一种日益必要的结构作用和地位。"②

商业化对大众文化还具有导向作用。英国传播学者戈尔丁指出，在资本主义社会中，不仅文化工业在进行文化的商品生产，就连一般的企业也在支配着文化的商品化过程："其一，联合大企业中文化产品及其所占的利益比重越来越大，在一系列部门中都能看到，从报纸、杂志，到电视、电影、音乐和主题公园；其二，不直接涉足文化工业的公司，通过他们作为广告商或赞助商的角色，对文化活动的方向实施着相当程度的控制。商业广播电视和大部分报纸的财政上的存活能力直接依赖它们的广告收入。"③

例如，以迪士尼为首的文化产业公司利用现代技术进行资本和商业运作，由最初的卡通、动画到特许专卖店、唱片制作，再到主题公园，逐渐形成规模效应，再延伸到旅馆业、零售业和出版业，一跃成为位居世界 500 强的全球化娱乐企业集团，显示了科学技术、文化产业与资本协同运作的强大能量。

（三）模式化

大众文化的文本特征表现出无深度、模式化、易复制等特

① ［美］詹姆逊著，胡亚敏等译．文化转向［M］．北京：中国社会科学出版社，2000：140.

② ［美］詹姆逊著，王逢振译．快感：文化与政治［M］．北京：中国社会科学出版社，1998：156.

③ ［英］戈尔丁等．文化、传播和政治经济学［A］．20 世纪传播学经典文本［M］．上海：复旦大学出版社，2003：584－585.

征。这样的文本特征，一方面促进艺术的大众化普及趋势；而另一方面也导致了艺术灵韵的丧失。正如本雅明所说，当现代文化被大量"复制"后，艺术的独一无二的"灵韵"也就消失了，随之而来的就必然是模式化、无深度的平庸之作。

例如 2011 年张艺谋执导的一部战争史诗电影《金陵十三钗》，该影片改编自严歌苓的同名小说，讲述 1937 年的南京，一个教堂里几个神职人员、一群躲在教堂里的大家闺秀、13 个逃避战火的风尘女子以及 6 个从死人堆里爬出来的伤兵，面对南京大屠杀的故事。在电影宣传过程中，张艺谋提出了向经典影片《辛德勒的名单》致敬。同样改编自同名小说的《辛德勒的名单》，真实再现了德国企业家奥斯卡·辛德勒在第二次世界大战期间保护 1100 余名犹太人免遭法西斯杀害的真实历史事件。

细读该两部影片可以发现，《金陵十三钗》在影片的叙事框架、叙事方式、色彩运用方面都模仿和借鉴了《辛德勒的名单》。在叙事框架方面，二者都是从战争、宗教、人性三大主题下进行的矛盾化叙事与故事化的推进。但是，仔细审视后发现，《金陵十三钗》的战争描写是华丽的、壮烈的，加之现代化视觉特效的运用，使得二次战争的表现极具可观性与娱乐性，这与《辛德勒的名单》中对战争表现出的令人恐惧的平淡，让人悲伤的黑色幽默完全不同。

在宗教的描述方面，《金陵十三钗》是符号化的，教堂、巨大的十字架都是在符号化的展示善的信仰对人的指引与改变，尤其是对受雇远道至此收敛神父遗体的美国人约翰·米勒的描述，他以赚钱为目的充当神职人员，却在战争中发生了转变，成为真的在神引领下，开始救学生于危难之中。一切的转折极具戏剧化，充满了波折却缺乏真实的情感积淀与共鸣。反观，《辛德勒的名单》也在讨论宗教对人的引领，甚至在讨论恶的信仰对人性的扭曲。在对德国军官阿蒙葛斯的描写过程中，他在身体本能的驱动下爱上了一位犹太女仆，甚至情不自禁地要亲吻她。可由于恶的信仰，有着坚定的反犹太信仰，他认为犹太人连鼠蚁都不如，应该被杀光。所以他没有亲吻犹太女仆，而是剧烈地殴打。这样的反应更体现了他深恶于自己的情不自禁，可见恶的信仰导致的恶的灵魂与扭曲的行为。《金陵十三钗》也曾试图展现拥有高尚艺术情操的日本军官却要将合唱团的少女沦为慰安妇的事实。只是，电影的描写过分浅薄，在神父的质疑中，该军方回答为"这是上级的命令"，没能深刻地剖析出人物的内心。

在叙事方式上，两部影片都从一个中立者的角度展开讨论，更客观地展现战争与战争下人性的转变。《辛德勒的名单》细致、真实地再现了商人辛德勒在发战争财过程中，目睹战争的恶与残酷，最终向善的人性转变。尤其是影片中他见到红衣女孩的描述。第一次见到红孩儿是在纳粹屠城的时候，红孩儿脆弱的身体走在凄惨的路上，仿佛一碰就倒，脆弱得令人心痛，辛德勒看着纳粹屠城，内心的良知开始浮上来，他开始同情犹太人，而不只是把他们当作赚钱的工具。他实现了自身的第一次转变，由一名单纯的资本家转变成为有一些良知的资本家，愿意一定程度上庇护犹太人，但是不愿意自己冒险或者受到牵连。第二次见到红孩儿是在焚烧尸体的时候，目睹了那个出场时柔弱的用手帕捂着嘴，温柔地说我怕感冒传染给你的指挥官阿蒙。焚尸的时候，红衣女孩儿的尸体出现在辛德勒的眼前。他嗅着尸体焚烧的恶臭，容忍着骨骼烧尽后的灰尘在衣服上飘落。这样的场景促使辛德勒最终进一步转变成为脱离了低级趣味的，有高尚道德情操的人，他愿意付出自己的资产去拯救犹太人。反观《金陵十三钗》的叙事方式也是通过描写属于战争中立方的美国人约翰·米勒，在残酷战争洗礼下从善的描述，显得肤浅而表面。他对于被虐致死的两位妓女神父的前后表现，比如不让男孩看在椅子上惨死的女人，不告诉众人二人是怎么死的，其独处时的凝重表情等，有细节却缺乏必要的叙事过程与情感张力。

在色彩运用上,《金陵十三钗》学习《辛德勒的名单》使用灰暗的色彩以展现战争下人性的灰暗与无奈。《辛德勒的名单》中辛德勒眼光下红衣女孩的描述,与战争场景的黑白色形成强烈对比,展现了战争的血腥,以及辛德勒的内心世界和战争对他的情感冲击。《金陵十三钗》在色彩上,将教堂的彩色玻璃与风尘女子的旗袍加重了色彩的展现与灰暗的战争形成对比。这样的色彩起到了吸引观众注意,突出女性身体曲线,引起视觉冲击的娱乐化效果,却没能与战争的深刻、残酷结合起来,缺乏了《辛德勒的名单》中对色彩运用的内心式挖掘。可见,《金陵十三钗》是在模式化叙事基础上诞生的一部商业战争片,获得 2011 年华语电影票房冠军,其最终的中国总票房为 6 亿元人民币。

（四）娱乐化

具体来说,娱乐可被看作是一种通过表现喜怒哀乐,或自己和他人的技巧而使受者喜悦,并带有一定启发性的活动。它包含了悲喜剧、各种比赛和游戏、音乐舞蹈表演和欣赏等。广义上讲,娱乐不仅是一项活动与参与活动的过程,娱乐更是一种精神,一种人基本的需求。我们认为,娱乐是人追求快乐,缓解生存压力的一种天性,是人类对身体、欲望、快感的追求。

娱乐作为人的一种天性需求,在人类历史上,长期处于被压抑,羞于表达,甚至贬斥的境地。在古希腊,柏拉图认为,人有精神和身体,灵魂和欲望两个向度,精神、灵魂高于身体、欲望,应得到人的尊重,而对身体、欲望的贪婪追求,是人间苦难与罪恶的根源。他指出,追求知识和美德是人生的最高境界,而代表肉体欲望的身体则被视为最低劣的部分。在古希腊,艺术作为展示人情感、身体甚至欲望的表达,被柏拉图所不齿,他指出:"因为他们既破坏希腊宗教的敬神和崇拜英雄的中心信仰,又使人的性格中理性失去控制。让情欲那些'低劣的'部分得到不应有的滋养,因此就破坏了'正义'。"

到了中世纪，基督教作为柏拉图时期宗教的延伸，认为人是上帝的子民，进一步贬低了人身体的价值和意义，防范人的肉体欲望的放纵。人的欲望是制度、规范、秩序、灵魂和信仰最可怕的敌人。宗教是专制的、集权的；欲望是自由的、游牧的，它破坏了秩序与规则。古罗马帝国时期天主教思想家奥古斯丁指出，欲望的身体无法到达上帝之城，身体尤其是性，是人接近上帝必须克制的放肆本能。

直到17世纪的科学理性时期，理性主义开始取代神权。福柯指出，理性主义奠定的社会一直以权力的形式构筑着人的主体性、知识性与感性。从而剥夺了人的正当欲望。人为了摆脱自然的束缚而创造的文化，反过来不断地对人的躯体进行殖民统治，既占用他的力量，同时又诱使他臣服和顺从。福柯说："17世纪以来，人们被束缚在诸如医院、军队、监狱、精神病院、学校等复杂的规范性、规诫性等全方位的权利网络。"这个权利网络监视、判断、评估和矫正人的一举一动，人的身体、欲望被压制，一切不符合理性安排的东西都被视为异端和精神错乱的表现。文艺复兴提供的人的正常规律，其最高目的仍是用理性反神性，知识反愚昧，理性是当时人间的君王。一直到18世纪启蒙运动，19世纪到20世纪前半期的现代主义，理性、规则、秩序仍是美学和政治追求的目标，身体和欲望仍未摆脱被监控、规训的命运。

一直到20世纪，尼采呐喊"一切从身体出发"，试图改写几千年来遗忘身体的人类历史。福柯认为："通过培养新的躯体和快感，有可能颠覆规范化的主体认同和意识形态。"在这种思潮的影响下，并为了适应资本增值的要求，后现代文学、艺术，成为开发欲望的"工地"，传媒变成了欲望生产的"场域"，快乐狂舞的天地，以迎合人快乐、欲望、自由想象的暴力、色情、奇幻、玄幻、科幻成为文学、影视等传媒文化的主角。在当今的后现代社会中，大众文化将发掘、反映和渲染商业化都市的市民心态、感受和欲望作为自己的文化使命。

从人类对身体、欲望、快感的追求史可以看出，娱乐文化直到发展到当代才开始登上人类社会的文化大堂，被人们所歌颂、拥抱、喜爱与分享。成为大众文化的重要特征。大众文化受欢迎，不是因为它的思想性，而是因为它更贴近人们的感觉和欲念，更能快餐式地满足人们的娱乐口味。当生活节奏日渐加快、社会竞争日趋激烈时，青年们在大都市中面临着工作、婚配、买房、孩子读书等一系列的社会压力与经济需求。大众文化的世俗化、流行性本质，使其具有强烈的感官娱乐化特点，通过模式化生产与传播，迎合大众消遣娱乐层面的精神需求，抚慰大众青年们紧绷的神经，带领大众在大众文化领域获得精神的安慰与虚拟的精神满足。

人欲望的构成基本包括：好奇心、食物、荣誉感、恐惧、性、体育运动、秩序、独立、复仇、社会交往、家庭、社会声望、厌恶、公民权、力量等。这些欲望的呈现与满足往往成为影视剧作品、广告创意等大众文化类型的重要内容与主旨。例如2011年2月，由上海展杰文化艺术有限公司出品，改编自韩剧《妻子的诱惑》的电视剧《回家的诱惑》（上部）、《回家的欲望》（下部）。该电视剧由秋瓷炫、李彩桦、凌潇肃、迟帅等主演，讲述了一个温良贤淑的柔弱少妇在经历了丈夫与朋友的双重背叛、婆婆的虐待等重大打击后，华丽转身，成长为独立坚强的都市女性的蜕变历程。该剧于2011年2月21日在湖南卫视首播，至首轮放映结束，该剧城市收视率最高时有5.2%，收视份额高达26.7%，打败了韩剧《大长今》，创造了当时湖南卫视除《还珠格格》以外的最高收视纪录。分析该剧的人群收视心理，可以发现，女主人的复仇过程恰恰迎合了观众的复仇欲望与快感。女性观众在观看该剧时，将意向中的女主人公"你"想象成"我"，在剧情中经历长期的故事化的折磨与困顿后，通过戏剧性的情节设定，华丽转身，体验女性的超越与复仇，获得社会地位，并收获完美设定下的男性的爱。另外，男性观众在观看该剧的过程中，除了复仇的快感，对剧中女性的情感诱惑与破坏伦理的快感充满了兴趣。可见，该剧在现代女性对传统女性角色与体制的否定基础上，加上了诸多反映当代大众欲望的元素，如复仇、独立、社会声望、秩序的破坏与建立等，以迎合当代大众的观影需求，使之产生追剧的快感。这恰恰也解释了该剧在剧情套路化，人物刻板化前提下，仍能取得高收视率的原因。

事实上，大众文化的娱乐性具有两方面的价值，一方面是积极的，一方面是消极的。

在积极方面，美国休闲学研究者杰弗瑞·戈比曾指出："休闲是从文化环境和物质环境的外在压力中解脱出来的一种相对自由的生活，它使个体能够以自己所喜爱的！本能地感到有价值的方式，在内心之爱的驱动下行动，并为信仰提供一个基础。"这里所说的"文化环境"，主要指人们外在的人文环境的压力，如工作、人机关系等；而"物质环境"，主要指人们的物质生活条件，它给人的压力也不小。休闲娱乐可以在一定环境上缓解这些压力给人所带来的忧虑，从而享受一种相对的自由，甚至可以尽情地展示和发展自己的个性。从这一意义上说，大众文化的娱乐缓解了人的精神压力，打开了人精神需求的大门，为大众展示自我甚至实现自我提供了基础。贝尔曾指出，大众文化的特征就是"不断地表现并再造'自我'以达到自我实现和自我满足""它尽力扩张，寻觅各种经验不受限制，遍地掘发"。正如福柯指出的，通过强调身体，贬低思考，或通过艺术创造来挑战权力。

大众文化的娱乐化倾向，以追求身体、欲望、快感为己任，关注人身体本身与生活本身。大众在娱乐化追求中，暂时忘记或不去关注理性层面的社会问题、政治事件，往往以娱乐化的形式进行调侃甚至忽略。使大众以自身的存在为存在的中心，以获得精神的快感与思想的自由。

在消极方面，大众文化过度的娱乐化、一味追求感官刺激，长远看来会对大众带来不良影响。具体表现为：欺骗性、操控性、引导消费和安于享乐。

（1）大众文化娱乐化的欺骗性：在法兰克福学派的理论家们看来，大众文化通过所谓的真实描述和美好承诺，为现代社会中的疲惫大众提供了无尽的娱乐和消遣，使他们获得了全身心的放松，但"这种享乐是以无能为力为基础的。实际上，享乐是一种逃避，但是不像人们所主张的逃避恶劣的现实，而是逃避对现实的恶劣思想进行反抗。娱乐消遣作品所许诺的解放，是摆脱思想的解放，而不是摆脱消极东西的解放"。由此，大众文化在个人享乐中逃避和放弃了对现实的反抗，从而也就认同了现实，这就是大众文化娱乐的欺骗性。

（2）大众文化娱乐化的操控性主要表现在无从选择、无处不在、潜移默化三个方面。

在无从选择方面，由于大众文化的标准化生产，机械复制，使得大众在看似无穷多的文化内容中，却都以娱乐化的无目的性和享乐性收场。大众文化的主要内容几乎大致相同，某些人面对上百个频道，却没有真正的自我选择的余地。这就是造就了单向度的人。传播的单向性与受众的无从选择性，直接导致了大众的被操控现实。

在无处不在方面，当代社会，几乎没有什么人能够离开大众娱乐而存在，因此大众文化对人的操控无论是深度上还是广度上都是其他统治形式所不可比拟的。

在潜移默化方面，大众文化对大众的操纵并不是以一种粗暴式、强制性的进行而是以隐蔽性的、微妙的方式，让大众在享乐中"主动"去接受这种操控。这是大众文化操控大众的高明之处。

关于大众文化的批判理论也许在许多人看来有些偏激，甚至带有浓重的悲观主义色彩，但的确让我们警醒，让我们在享受、娱乐大众文化的时候，保持一份清醒，这在现代社会是必要的，也是必需的。

阿多诺的《文化工业再思考》中提出："文化工业别有用心

地自上而下地整合（收编）它的消费者，它一直在投机利用它所诉诸的千百万的意识和无意识，在这诉诸中，大众绝不是首要的，而是次要的：他们是算计的对象，是机器的附属物。顾客不是上帝，不是文化产品的主体，而是客体。文化产业使我们相信事情就是如此。""总之，大众文化是一种'反启蒙'，它始终在算计着大众，并利用一切手段去操纵大众，妨碍着自主、独立的个人的发展，使个人无法自觉地为他们自己下判断、做决定，最终也就阻止了人类达到他们所处的时代的生产力允许他们达到的解放程度，使大众失去对社会的反抗。"

（3）大众文化娱乐化"引导消费"的本质。

存在主义认为"自由是人性的目标和不变的梦想"。自由之梦在现实生活中，往往托付给了一种实际欲望的经常性满足，并以消费中的占有程度和状态作为自由的绝对标识。例如大众文化的重要表现形式广告。广告就是在不断为消费大众制造着新的一轮又一轮的欲望。广告制作越是完美，它与现实之间的差距也就越大，使消费者自觉否定受众的商品转而认同广告中宣传的商品，自觉否定现实的消费体验并转而认同广告中宣传的理想的消费体验。如此就形成了恶性循环，使消费者一次次否定手中的商品，一次次地品尝匮乏感，而广告又及时地推出新的欲望对象，温情地等待消解消费品总难抚平的匮乏感。

这种由广告引起的一次次的匮乏感受即欲望的产生到匮乏感的满足即消费，是当地大众娱乐生活的一个重要组成部分。正如台湾中兴百货在一则电视广告中的描述"银行倒闭，不会令我不安；天堂倒闭，不会令我不安；政客倒闭，不会令我不安；不景气不会令我不安；缺乏购物欲，才会令我不安。欲望，从来没有不景气的时候。中兴百货，春装上市"广告中所表述的金融、宗教、政治、市场环境都不是企业与消费者沟通的主旨。在任何时期，都有需求匮乏的消费者，企业获得利润的关键在于，如何诱导并满足消费者无穷尽并不断变化的欲望。而娱乐化的大众文化正是促使消费者产生匮乏感并获得匮乏感满足的欲望催化器。我们应当清醒地意识到，广告背后所谓"自由地实现自我"，实际上就是自由地将消费者的欲望投射到生产出的物品上；而所谓"自由地享受生活"，其实质是自由地获得物质满足。这恰恰使得精神依附于物质之上，是对精神自由的丧失。

（4）大众文化娱乐化"安于享乐"的精神追求。

现代社会文化环境，产生了一种前所未有的意识形态——即"自由地享受生活"的道德合法性。例如，在大众文化当中，作为一种社会话语，广告及广告形象的泛滥，使人们普遍相信：现世的享受和娱乐性满足不是不道德的，相反，是一种道德的行为。当广告的诱惑把大众日常生活从传统的"悠然自得"的自由状态，引向无穷无尽的"消费自由"的享受之际，各种各样的广告形象所解决的一个重要问题，就是"应该怎样生活"的问题。广告形象的多姿绚烂，清清楚楚地要求把"享乐"写入生活的普遍道德准则之中，要求人们毫无保留地想象让他们的生活充满享受的乐趣，是道德的直观形式。"享乐有理"是一切广告形象的隐喻。纯粹享乐主义的道德取代了传统伦理的约束，人们不再为自己的物欲膨胀而羞愧，也不再为自己面对美轮美奂的商品、消费品时的那种贪心而脸红。所谓道德已经从精神层面滑向物质的层面，由创造层面滑向享受层面，而"应该怎样生活"也不再是一种纯精神的对象，而成了一个"消费"问题。享乐主义的道德合法化过程，在大众文化娱乐化形象的泛滥中，终于演变为大众日常生活的基本成分。

（五）流行性

大众文化在文本上的无深度、模式化、易复制等特征，在商业化推动下，借助大众传播工具，被大量"复制"，流行于广大受众之中。批量生产是大众文化流行性的重要特征也是其生产的目的，大众文化的流行性特征更使大众文化的大众性凸显。

"大众文化"对应的英语翻译有"popular culture",即也可翻译成"流行文化"。从流行性角度分析大众文化,可以从受众角度进一步剖析大众文化盛行的受众基础与形式表现。

关于流行文化并不容易被定义。流行文化是时装、时髦、消费文化、休闲文化、奢侈文化、物质文化、流行生活方式、流行品味、都市文化、次文化、大众文化以及群众文化等概念所组成的一个内容丰富、成分复杂的总概念。这个总概念所表示的是按一定节奏、以一定周期,在一定地区或全球范围内,在不同层次、阶层和阶级的人口中广泛传播起来的文化。

夏建中指出:"从消费者的角度来界定,流行文化是指众多人追随的一种生活方式和消费物品。不仅媒体时常报导的青少年文化包含在内,大街小巷耳语不断的八卦话题以及今年秋冬时尚等议题,都是流行文化的一部分。流行文化同时也代表了时兴的社会话题、看法与感觉。总之,众人追随是流行文化的主要特征。"

那么为什么流行文化在当代大众社会受到如此巨大数量人群的追捧?下文将从大众心理和流行文化的特征进行分析。

1. 流行文化存在的心理实质

(1) 自我——"后儿童心态"

在人类传统的审美、文化之中,我们习惯于面对的"我"都是在"元叙事"中形成一种绝对主体,是一个蒙在神圣的光环中的圣词。它从不与人类的现实生活发生关系,从不被实体化为人当下的现实,是被抽空了现实的内涵。其指称的对象并不是个体意义上生活中真实的"我",而是"精英"范畴下的"我们"。在前现代社会,不是个体被扼杀,而是个体根本就不存在。哥特式教堂不是在强迫下修建的,而是一种无与伦比的宗教激情下的产物,是一种忘我的精神力量的体现。在中国,个人为皇帝献身,并没有感到"自我"因此而被剥夺了幸福的"权利",也没有感到"自我"被"窒息"。因为在这个时代,作为个体的"我"还根本不存在。

进入 20 世纪之后，"大众"开始应运而生。这是一个与传统"精英"范畴完全相对的范畴，是人类在当代社会中的一个特殊存在状态。所谓"大众"不同于过去所说的"群众""人民""劳苦大众""人类"。"大众"是对于传统的人的本质的定义的改写，是一个特定文化背景的范畴。它与传统的"精英"范畴最大的区别，就是大写的人、大写的主体、大写的我不再存在了。取而代之的是零散群体中，独一无二，不断被强调的我。当代社会，已经不再有永恒之物，神圣的主义被淡化，自我被不断强调、放大为生活的重心。自我之为我，在于其不可替代、不可重复、独一无二性。他是历史上的唯一一个，空间上的唯一一点，时间上的唯一一瞬。至于所谓本质，是被大众所忽视，甚至完全莫须有之物。在自我之前、之中、之后都没有什么本质，存在就是存在。于是，大众将自我看作世界的中心，一味自恋，顾影自怜，不惜反复宣泄。其目的则是将内心的焦虑投射到外在对象身上，将外物变成心理镜像，以便缓解沉重的心理压力。

当代社会常常看到的"后儿童心态"便是这种自恋心理的典型表现。"小鲜肉""吓死宝宝啦!"，以"人家"自居，以及各种叠字的运用。再如，湖南卫视长期热播的综艺节目"快乐大本营"，里面的主持人超越年龄所表现出的儿童般的热情与天真，恰恰反映出广大受众的情感投射与寄托。大众在观看娱乐节目的过程中获得了童真的释放与欢愉，都变成了后儿童，以躲避现实的诸多困难与矛盾。人们孤芳自赏，在虚拟世界中，我所面对的你，你所面对的我都消失了，都成了似曾相识的他人。没有经历，一切都是故事，人们一起跳着假面舞会。

（2）自由——人的不断"无"化

从心理学上说，所谓"大众"是这样的一群：他们从传统的依附中一旦挣脱出来，却反而陷入一种困惑、迷茫、无助的境地。过去每个人都十分勇敢，但那只是因为过去进行的都是群体的战争，每个人都不难从中找到一种明确的归属感，而现在这一切却都消失了。现在进行的是一个人的战争，人们在喃喃了千余年的"神""神""神"之后，终于开始呐喊起"我""我""我"了，然而，不知对手何在，也不知归宿何处。他一出生就被判定为自由，同时也被剥夺了选择不自由的权利。而且除了死的确定性、必然性、不可超越性外，其他一切都是不确定的，即便是死，何时死，以什么方式死，也都是不确定的。其结果便是人的不断"无"化。

大众在娱乐化的文化浪潮中，听从流行文化的召唤。用弗洛伊德的话来说：大众的真正欲望是永远意识不到的，因为意识不到，也就永远无法获得欲望的满足。因此唯一的方式只有随波逐流，坐在欲望号列车上，用消费了什么来标志自己的生活，证明自己的价值，甚而体验自己的活着的意义。

（3）无聊——时尚的逃避自由

拉斯奇在他《自恋主义文化》一书中分析说："当前的时尚是为眼前而生活——活着只是为了自己，而不是为了前辈或后代。""现代社会没有任何'前途'可言，因而它对除目前需要之外的任何东西都一概不感兴趣。"显然很有道理。这样一来，就必然形成一种自恋心理。它认为什么都靠不住，只有自己才是真实的，于是就将自我看作世界的中心，一味自恋，顾影自怜，为此而不惜反复宣泄。其目的则只有一个：将内心的焦虑投射到外在对象身上，将外物变成心理镜像，以便缓解沉重的心理压力。

叶甫盖尼·扎米亚金说："欧几里得的世界非常容易，爱因斯坦的世界非常艰难。然而，现在却不可能回到欧几里得的世界中去了。没有任何革命、任何异端邪说会使人感到舒适。因为它是一个飞跃，是对平滑的进化曲线的突破，突破又是伤口、疼痛。但这是一个必要的伤口：大多数都在忍受着遗传下来的嗜睡症。不应该允许那些患有此病的人睡眠，否则他们就会进入最后的死亡之眠。"自由的"世界"同样也"非常艰难"，然而，这同样"是一个必要的伤口"，为了不致"进入最后的死亡之眠"，人类做出了种种努力。流行文化就是其中之一。

不过，与传统文化的对于这样"一个必要的伤口"的无视以及精英文化的对于这样"一个必要的伤口"的反省都有所不同，在流行文化，对于这样"一个必要的伤口"采取的是一种躲避的态度。也许正是有鉴于此，豪塞尔才会将"无聊"界定为流行文化的根本特征："无聊——作为以受过一半教育的人为消费对象的通俗艺术的原因——是不停地寻求刺激的城市生活方式的产物。农民不会感到无聊，当他无事可做的时候，他就睡觉。不管怎样，农民对城市居民因无所事事而产生的那种惶恐和空虚是不甚了了的。城市大众对艺术的需要，跟他们的其他文化需要一样，仅仅是使他们的那台机器运转的、对一种物质饥饿的满足。艺术本身不过是一种燃料而已——一种可怕的权宜之计。他们真切地感知到自己被剥夺了些什么，但又不知到底缺些什么。因为他们实在不知做些什么好，所以说只好读小说、看电影、放收音机——或放得震天响，或放得轻轻的作为一种背景音乐。"这无疑是十分深刻的。流行文化的出现显然与"无聊"即逃避自由有关。于是，随着自由的被躲避，流行文化也就成为欲望的满足，就成为享乐、消费的代名词。这正如贝尔所分析的："它所要满足的不是需要，而是欲求。欲求超过了生理本能，进入心理层次，因而是无限的要求。"

对于孤独的大众来说，人类除了共同在地球上居住之外，再没有别的共同性了。没有什么能够成为他们的共同取向，要让他们都感兴趣，就要把所有的内容都掏空，使作品成为一个里面一无所有的空框，为"找乐"而"找乐"、为"刺激"而"刺激"。换言之，流行文化是流行趣味为人类被人为刺激起来的欲望所提供的表演舞台。它使得人类可以自由地购买、自由地预定欲望之梦。隐约的性幻想、豪华的生活景象、绚丽的经历、多彩的奇观，非常的机遇，则是流行文化的基本内容，因此，流行文化不是现实世界的一部分，而是现实世界之外虚幻的海市蜃楼。由此，我们不难看到，流行并非真的就是通俗的，而是传统观念认为它"通俗"，实际上它有着重要的内容，就是导致孤独的大众的心理宣泄；流行文化也并非真的就是无意义的，而是传统观念认为它无意义，实际上它有着重大的意义，就是维持孤独的大众的心理平衡。然而，我们却又应该看到，对于流行文化来说，一切都成为文化，可是与此同时真正的文化却在毁灭。文化之为文化，本来应该是有思想的生活，但是现在人们却把没有任何思想参与的活动命名为文化。失去了思想的文化，究竟还是不是文化？自由是不是就只能等于更换电视频道的权利？这个问题，值得我们深思。

2. 流行文化的特征

（1）率真性

流行文化的本质，决定了这种类型文化的影响不是受众的精神层面，而是感官层面的。它易于复制与传播，容易引发大众的共鸣，引起大众的效仿与进一步传播。那么这样的大众传播化浪潮下的流行文化，又有怎样的文化精神呢？在形式之外，其内容有什么样的精神内涵与文化旨趣呢？率真、直白是当今流行文化的主要精神旨趣与精神内涵。中国摇滚歌星崔健说："我不能说谎，我认为摇滚歌就该是真实的。"如果说流行文化有什么精神内涵的话，就是敢于在生态与精神双重危机的情况下，寻求新的定位，找回失落的精神家园，以"一无所有"的心态，构建全新的精神殿堂，达到人群间相互坦诚的默契。

例如，近几年影响力较大的微信公众号"咪蒙"，其粉丝数量超过 600 万，单篇文章阅读量都超过 10 万，让其出名的文章是《致 Low 逼》《致贱人》。翻阅她的公众号，其文章集锦的标题之一就是"吐槽"，里面的文章都是站在年轻人的角度直白、犀利的对当代社会的一些人、事进行发泄般的谩骂与揭露，颠覆了传统文化中的主流话语权与价值规范，让人在阅读中享受吐槽的快感与虚拟的批判。广大的受众在阅读过程中获得了自己相应的群体定位，以及在此位置上，对社会规范进行了虚拟的批判与交流。

（2）虚拟性与共享性

当代社会在物质财富方面越来越丰富，人们在消费的压力下寻找存在感也倍感疲倦。精神空虚，受到心理空间与自然空间的双重挤压。流行文化恰恰是当代大众社会中虚拟的精神伊甸园。人们在这个空间里，获得了各种欲望的满足与实现，体验了不同类型的情感交流，甚而对社会矛盾进行象征性的批判与再建。

从近几十年的大众流行语可以发现其指向的变化。对中华人民共和国 60 多年来的流行语做一个简单的划分，会发现这样一个奇特的现象，以 1979 年为界，在此以前，流行语往往是这样的："同志""自力更生""艰苦奋斗""鼓足干劲""力争上游""赶英超美""跑步进入共产主义"等，都是当时人民精神面貌和生活常态的真实反映。

1979 年以后，改革开放的春风不仅带来了一场巨大的经济体制变革，更带来了人们思想和社会价值观的巨大变化，流行语开始变得丰富。经济领域的"勤劳致富""万元户""下海""市场经济""下岗"；文化领域的"迪斯科""摇滚""春晚""炒作"；教育领域的"五讲四美三热爱""千军万马过独木桥""留学""托福"；通讯领域的"大哥大""BP 机""电脑""软件"；金融领域的"炒股""牛市""熊市"等。像北京流行语中的"大款儿""大腕儿""托儿""没戏"，港台流行语中的"老公""老婆""打工""炒鱿鱼"等词语广为流传。进入 21 世纪后，互联网的发展让网络流行语在中国的迭代速度日益加快。2016 年的网络流行语"蓝瘦香菇""先定一个小目标"等，这样消极中带着调侃语气的网络语言在一定程度上也反映出激烈竞争环境下的工作、学习、生活压力。网络是一个特殊的语域，网络交际时的话语方式常常是非正式的、轻松的。人们用这种调侃的、幽默诙谐方式，弥合时间、空间和感情的隔断，宣泄情绪，协调关系，弱化冲突。在虚拟空间中，拉近大众的心理距离。

（3）个性化与群体性

流行文化作为一种行为模式的展现。目前广泛使用的语言、时兴样式、礼仪风格等行为表现方式和思维方式。流行文化可根据其流行范围、持续时间、追求者的投入程度分为时髦和时尚。时髦是大众个体自我宣扬的工具，借着时髦、标新立异等时尚追求，在保留原团体中一分子的地位的同时，提高其社会地位，获得其社会群体的肯定与自我肯定。

时尚是一个时期内相当多的人对特定的某种生活模式的随从和追求。时尚的存在时间比时髦长且有一定的稳定性，自我表现、小资情调、审美化为其主要特征，能得到大众欣赏和大众认同。时尚常常被"认为是高级的做法"，以及在某些领域具有比较高等的价值。通过挖掘时尚产生的文化心理机制，可以发现流行文化的从众性与区分性特征。

从区分性角度分析流行文化发现，精英阶层总是力图用一种明显的标识如服饰或生活方式等来使自己显得与众不同，而下层阶层的成员也想借用这些标识来努力提高自己的地位。一旦最初的时尚成为大众效仿的普遍行为，精英阶层就必须放弃旧的区分标识引入新的区分标识，形成新的时尚风潮。于是就引发了一轮又一轮的时尚追逐潮流。时尚的个性化体现，为大众个体在心理上获得补偿自卑感的体验。让个体在心理上实现生活中不能实现的愿望提供补偿的机会。通过时尚，将社会上引人注目的事物或行为据为己有，并在这种占有中实现自我扩张的愿望。

另外，大众具有从众、模仿的趋同心理。在社会心理学上，从众指个人受群体压力的影响，在知觉、判断、信仰及行为上表现为与群体大多数成员相一致，从众性来自于现代人对一定社会统一体的依附感。人是一种社会性的存在，摆脱不了和他人的之间的关系，需要获得社会和他人的认同。从众是人类内心深处存在的一种强烈的本能。时尚通过大量的机械复制，将不同的个体集聚到一个中心。不同的社会个体通过对同一社会行为的效仿，会感到自己跟上了群体的步伐，成为群体中的一员。这种聚集功能使不同的个体获得彼此的认同，并使个体在时尚圈中找到一种"归家"的感觉。另外，从众性还来自于现代人的自我保护本能。对时尚的模仿可以确保个体不会孤独地处于个人的自我行为中，通过时尚，个体可以从单一选择的焦虑中解脱出来，而仅仅只是代表某个群体的观点。从这个方面来说，时尚意味着在风险社会中的一种心理安全。由此，对群体的依附感和个体的自我保护本能是从众、模仿、趋同心理形成的心理原因。

从时尚产生的心理机制区分性与从众性，可以窥见流行文化所表现出的个性化与群体性。大众通过时尚行为来获得社会的认同，表现自己，满足人的"虚荣心"，以及寻求并享受"刺激"的心理愿望。时尚推广之后的流行是大众模仿、从众、趋同、服从、自我防御的心理作用所致。在一定的社会条件和环境中，时尚会发展成为普遍的社会现象，流行文化的阵地。

第二章　当代电影语言的表达及文化影响

第一节　中西电影发展简史

一、世界电影简史

1895 月 12 月 28 日，卢米埃尔兄弟在巴黎卡铺辛路十四号的"大咖啡馆"地下室中第一次公开售票播放电影，标志着电影的正式诞生。此后，电影影响愈大，被称为"机械文艺女神"。其诞生和成长的历史，也即是连续摄影的机器、坚韧敏感的胶片和连续放映的机器这三种技术手段改进的过程。

1902 年，乔治·梅里爱拍摄了电影《月球旅行记》，标志着电影用讲故事的方式呈现，从此叙述性电影诞生，不再像此前采用固定摄影的实录性电影。1903 年，埃德温·鲍特拍摄了《火车大劫难》，这是第一部使用分镜头拍摄的电影，从此蒙太奇电影语言诞生了。这也是第一部美国西部片。这部电影吸引了众多观众，以至于有的放映点连续放映影片。从早上 8 点开始，一直到午夜，不停地放映 30 分钟一场的电影。

在此带动下，美国出现了"镍币影院"。镍币在美国是一种五分钱的钱币，当时美国的电影票价就是五分钱，因此人们把这些影院称为"镍币影院"。"镍币影院"以其低廉的价格吸引广大观众进入影院，包括社会最贫苦的人们，还有每年来到美国超过百万的移民。这充分显示了电影在产生之初便是面向大众的大众化媒介。美国在 1905 年年初，仅有 10 家电影院，到了 1909 年底，电影院已经增加到 1 万家。

　　1915 年，D·W·格里菲斯耗资 12 万美元，拍摄完成了《一个国家的诞生》，使电影蒙太奇叙述语言上升到一个新的高度。这是有史以来耗资最多的电影，直到 1939 年被《乱世佳人》超越。

　　1926 年有声电影诞生，大大推动了电影的发展。促进了当时电影类型片——歌舞片的产生与发展，并且使得电影的制作更加复杂，成本更昂贵，使得大量的小电影公司倒闭，促使了电影的产业化发展方向。电影声音包括听觉、对话、旁白、音乐等。德国电影音乐学家汉斯艾斯勒说："音乐足以当作影像的解药，因为观者目睹近乎真实世界的一切活动时，却听不到一点相对应的真实声响，必然引发感官上的不适……因此音乐不只用来填补影像所欠缺的真实生命感，更可以解除观众在看影片时所产生的不适应以及恐惧。"

　　电影的蒙太奇叙事语言在苏联蒙太奇学派得到进一步的发展，其代表人物有爱森斯坦、普多夫金、库里肖夫，他们形成了自觉的理论体系，提出了蒙太奇的积数功能，蒙太奇赋予电影的崭新概念、质的飞跃，以及在电影《战舰波将金号》中使用的杂耍蒙太奇，电影《母亲》中使用的对比蒙太奇。

　　法国电影理论家安德烈·巴赞被誉为电影新浪潮之父，他提出了长镜头理论。强调电影的照相本体属性和记录功能，贬低情节结构和蒙太奇之类的形式元素作用，要求还原电影的逼真性和客观性，以完整再现生活的本来形态。对技术主义、唯美主义的蒙太奇理论进行了一次矫正。认为蒙太奇是把导演的观点强加于观众，限制了影片的多义性，主张运用景深镜头和场面调度连续拍摄的长镜头摄制影片，认为这样才能保持剧情空间的完整性和真正的时间流程。

二、中国电影导演发展史

　　中国电影在其发展历史上，经历了种种变故，遭遇了很多曲折和艰难，在中国的历史发展进程中随着政治经济而起伏。直到21世纪后，逐渐向产业化电影方向发展。在中国电影的发展进程中，电影导演起到了重要的推动作用。下面以21世纪以前，以历代导演的发展历程分析中国电影的发展历程。

20世纪初到20年代末，第一代导演将电影技术引入中国并产生影响。作为中国电影的先驱，他们创作了中国第一批故事片。这些影片中的一部分是受了"五四"新文化运动的影响，不同程度上表现出一些反封建的民主思想。但是，从艺术技巧而言，"第一代导演"还不了解什么是电影，他们往往用传统的戏剧观念来处理电影，拍摄时沿用戏剧舞台的一套办法，摄影机基本固定。当时的代表作品有：张石川、郑正秋拍摄的第一部短故事片《难夫难妻》，第一部有声电影《歌女红牡丹》，第一部武侠片《火烧红莲寺》，管海峰、张石川拍摄的第一部长故事片《黑籍冤魂》，以及洪深拍摄的《劫后桃花》。

20世纪三四十年代，第二代中国导演完成了中国电影从默片到有声片的转变。在艺术上，他们最大的特点是写实主义，同时，把"写实"和电影化结合起来，逐渐摆脱舞台的局限，充分发挥电影艺术之长。代表作品有蔡楚生、郑君里拍摄的《一江春水向东流》；蔡楚生拍摄的《渔光曲》，费穆拍摄的《小城之春》，这是一部具有高度艺术性和电影化的作品，20世纪80年代被海外影评家评为中国电影十大名片之首。

中华人民共和国成立后到文化大革命前，一群从战争年代过来的革命文艺战士作为第三代导演开始从事电影艺术创作。他们在电影中遵循革命现实主义原则，在如何表现生活本质、反映时代风貌、展现矛盾冲突、刻画人物性格等诸多方面，努力探寻中国式的表达。代表人物有谢晋、成荫、谢铁骊、水华、崔嵬、凌子风等。其中部分导演在文化大革命后继续创作，有进行历史反思的作品，如谢晋的《芙蓉镇》；也有对名著改编的作品，如凌子风的《春桃》。

第四代导演主要来自20世纪60年代北京电影学院的毕业

生或各电影厂培养出来的电影人，他们在文革后崭露头角。他们提出中国电影"丢掉戏剧的拐杖"，打破戏剧式结构，将电影和戏剧的关系重新定位，重新发掘了巴赞长镜头的纪实美学风格。他们提倡纪实性，追求质朴自然的风格和开放式结构，注重主题与人物的意义性和从生活中、从凡人小事中去开掘社会与人生的哲理。在影片创作上更多从民族本身和生活本身出发，从朴实的场景中挖掘内在的精神价值，构成了第四代电影的平实和伤感的一面。代表人物有吴贻弓、张暖忻、谢飞等。

相比之下，对中国电影影响较大的是第五代导演的作品，他们主要指 20 世纪 80 年代从北京电影学院毕业的年轻导演。如张艺谋、陈凯歌、张军钊、吴子牛、黄建新、田壮壮等。他们的作品有《黄土地》《大阅兵》《孩子王》《边走边唱》《霸王别姬》《风日》《荆轲刺秦王》等一大批优秀的影视作品。这些作品追求纪实性与象征性、写实与写意、叙事与造型结合的"意象美学"，影片追求一种外部真实基础上的内部真实，表达愈发意识流与心理化，以理性活动为主线，将哲理、情感物化于外，被称作"意识银幕化"。

这批导演在少年时代卷入了中国社会大动荡的漩涡中，有的下过乡，有的当过兵，经受了 10 年浩劫的磨难。在改革开放的年代，他们接受专业训练，带着创新的激情走上影坛。他们对新的思想、新的艺术手法特别敏锐，力图在每一部影片中寻找新的角度。他们强烈渴望通过影片探索民族文化的历史和民族心理的结构。在选材、叙事、刻画人物、镜头运用、画面处理等方面，都力求标新立异。"第五代导演"的作品主观性、象征性、寓意性特别强烈。当他们一旦作为一个群体的力量出现时，尽管人数不多，却给中国影坛造成了巨大的冲击波。从某种意义上来讲，"第五代"导演及其影视作品是他们那个时代的精神代言人。因为他们共同的努力，中国银幕上出现了真正意义上的现代电影。"第五代"对中国乡土的关注和解读，对社会底层的注视和同情以及在他们艺术作品中透漏出来的对民族的深切热爱、忧患意识，对生存状态的拷问都是具有历史价值的。我们不能否定，在那个年代，即便是简单的，不完全的对现实、对社会底层的关怀也是相当有力的。

在新的文化语境中，第五代导演，是主体意识自觉和强化的一代。追寻和建构历史主体性和大写的人的形象，一直是第五代导演的精神支柱。作为一个新的历史时期经营知识分子的代表，他们执着于民族振兴理想，深刻反思传统文化，热切的呼唤现代性理想，表现为一种五四以来精英知识分子启蒙精神的回归和群体主体性的崛起。第五代导演采用陌生化叙事方式回忆历史，并不同于第四代导演对历史事件的革命性还原。他们以张扬的主体意识使得他们进入到一种假想的历史主体的中心位置，反思并深刻地揭露民族的劣根性。不难看出，第五代导演作品中许多大写的人的形象，这种形象常常表现为沉思的启蒙知识者的形态、立场和视角。虽然他们其实并非那段历史的主人或是亲历者，但背负着沉重的历史责任感，以电影的大旗改变民族的命运。到了21世纪初，以张艺谋、陈凯歌为代表的"第五代导演"走上了高投入、大剧作的商业化路线。张艺谋的《英雄》在海外市场的票房累计超过11亿人民币，而《十面埋伏》在海外市场的票房仅在日本、韩国以及中国香港、台湾地区就达28亿人民币。陈凯歌也有《和你在一起》《无极》这样的商业电影，其中《无极》的资本投入创下了中国电影史上的记录，并且动用了亚洲极为强大的名演员阵容加以包装。从以上数据可以看出，张艺谋、陈凯歌等"第五代导演"在电影制作、票房收入以及电影市场等方面的确取得了巨大的成功。但是分析一下他们近年来的影视主题我们就不难发现，他们在主题方面和创作初期相比已经发生转变，不再是对中国乡土进行关注和解读，同样也不再注视和同情中国社会的底层。

第六代导演则指20世纪90年代出现在影坛上的一批青年电影导演，他们大多出生于20世纪60年代，毕业于北京电影学院或中央戏剧学院，如王小帅、娄烨、贾樟柯、张元、王全安等。他们的作品有《周末情人》《头发乱了》《冬春的日子》《巫山云雨》《小武》《过年回家》《北京杂种》《苏州河》《月蚀》等。他们通过叙述琐碎庸常的日常生活，传达个体人生动荡不安、迷离驳杂的当下都市生活体验，或是深入潜意识、隐意识的层面，探索当下人的个体精神状态。

"第六代"导演不仅是一个时空意义上的聚合体，更重要的是由一个文化姿态、创作风格相对一致而形成的在 20 世纪 90 年代带有先锋性、前卫性、青春性的创作群体。他们在当代中国影坛形成了一种引人注目的电影趋势或电影现象。"六十年代生人"的"第六代"成长于 20 世纪 80 年代，浮出海面却是在 20 世纪 90 年代初，这是一个中国人内心世界产生极大转变的年代。也许是创作历程的艰苦，也许是自身艺术生活的独特性，也许是"为赋新词强说愁"，"第六代"的电影从一开始就体现着一种灰色调，他们的视角与以往有很大的变化，摇滚人、艺术家、同性恋、小偷、妓女——一群不被关注的边缘人进入他们的视野，在混乱的情感纠葛、迷茫的追求、琐碎的细节描写和俚语脏话式的台词包装下讲述当代城市青年成长的故事。

不可否认的是，由于时代政治意识形态的束缚，由于社会经济发展的滞缓，第五代的个性意识都不同程度地被社会的群体意识所支配甚或代替，因之我们看到，他们在其拥有了丰富的生活阅历的同时，既有的体制与经验，却压抑了个性的极力舒展与自我的自由发挥。另外，与对当下的事件的焦虑相应，第五代导演在影片中表现出对未来时间的积极的肯定、追求和向往。毫无疑问，这种对当下的焦虑正是出于对时间的停滞不前因而延缓了美好未来的来临之忧思而产生的。他们往往在影片中设置代表未来的时间意向，哪怕是《黄土地》《孩子王》这样的对过去历史题材的反思之作。像《黄土地》中的憨憨，《孩子王》中的王福，《黑炮事件》中结尾时那几个无忧无虑、没有传统的附累、在玩积木的时间游戏的小孩子，《红高粱》中见证了热情、野性和血的洗礼并进而长大成人的我爹爹豆官，都是这样一些代表了未来，寄托了导演的理想的意向或符号。

而第六代导演与第五代导演有着迥然相异的人生经历，他们成长于经济复苏的开放时代，尽管他们没有了第五代丰富的生活阅历，然而其对生命的体验却大为深刻，如果说第五代在生命之轴的横向上具有很大拓展，那么第六代则在生命之轴的纵向上不断掘进。因此在观念上，第六代不认同第五代"苦难成就艺术"的人生阅历，他们的电影关注"灰色的人生"的边缘化的生存。他们把镜头对准了社会上或是个性独立、自我意识极强的先锋艺术家、摇滚乐手，或是一些普通的边缘生存者——小偷、歌女、妓女、农民工、都市外乡人等等。因而第六代导演的电影中的主体形象大多是平民和社会边缘人的形象，他们是一些历史的缺席者、晚生代、社会体制外的个体生存者。他们似乎没有远大理想，整日里为自己的衣食住行这些最基本的生存问题劳累奔波。他们游离于社会体制，按自己的无所谓的生活态度生活着，当然有时候，在他们冷漠的外表中也有着极度的内心焦虑，只是，与第五代导演的群体焦虑、民族焦虑不同，他们的焦虑是个体的、感性的、只属于自己的。严格地说，第六代导演影片中所呈现的主体形象并不是纯粹的平民或市民而是浸透着知识分子意识的个体知识分子。他们的作品表达了生存的孤独、焦虑，凸显自我。他们在个体影像语言上注重影像本身，具有明显的风格化特色。他们隐藏自我，趋于客观化纪实，注重当下社会中底层普通民众的个体性的生存，凸显电影的记录本性和导演的人道主义关怀，平实而朴素的表达一种悲悯的人道主义情怀。如贾樟柯的《小武》《小山回家》《站台》等试图"以老老实实的态度来记录这个年代变化的影像，反映当下氛围"。他的影片是纪实风格的虚构性影片，以最为朴素平实的方式，唤起了人们对乡土、对变动社会中个体生命的关注与悲悯。

第二节　电影语言——蒙太奇

一、蒙太奇的涵义

电影的基本元素是镜头，而连接镜头的主要方式、手段是蒙太奇，而且可以说，蒙太奇是电影艺术的独特的表现手段。既然一部影片的最小单位是镜头，那么，电影的基本元素——镜头，究竟是什么呢？它和蒙太奇又有什么关系？我们知道，镜头就是从不同的角度、以不同的焦距、用不同的时间一次拍摄下来，并经过不同处理的一段胶片。实际上，从镜头的摄制开始，就已经在使用蒙太奇手法了。就以镜头来说，从不同的角度拍摄，自然有着不同的艺术效果。如正拍、仰拍、俯拍、侧拍、逆光、滤光等，其效果显然不同。就以同焦距拍摄的镜头来说，效果也不一样。比如远景、全景、中景、近景、特写、大特写等，其效果也不一样。再者，经过不同的处理以后的镜头，也会产生不同的艺术效果。加之，由于空格、缩格、升格等手法的运用，还带来种种不同的特定的艺术效果。再说，由于拍摄时所用的时间不同，又产生了长镜头和短镜头，镜头的长短也会造成不同的效果的。

同时，在连接镜头场面和段落时，根据不同的变化幅度、不同的节奏和不同的情绪需要，可以选择使用不同的连接方法，例如淡、化、划、切、圈、掐、推、拉等。总而言之，拍摄什么样的镜头，将什么样的镜头排列在一起。用什么样的方法连接排列在一起的镜头，影片摄制者解决这一系列问题的方法和手段，就是蒙太奇。如果说画面和音响是电影导演与观众交流的"语汇"，那么，把画面、音响构成镜头和用镜头的组接来构成影片的规律所运用的蒙太奇手段，那就是导演的"语法"了。对于一个电影导演来说，掌握了这些基本原理并不等于精通了

"语法"，蒙太奇在每一部影片中的特定内容和美学追求中往往呈现着千姿百态的面貌。蒙太奇对于观众来说，是从分到分。对于导演来说，蒙太奇则先是由合到分，即分切，然后又由分到合，即组合。分切的最小单位是镜头，因此导演应写出分镜头剧本。作为观众，应当怎样从蒙太奇的角度来鉴赏导演的艺术呢？说到底，蒙太奇是导演用来讲故事的一种方法；听的人总希望故事讲得顺畅、生动，富有感染力又能调动起观众的联想，引起观众的兴趣，这些要求完全适用于蒙太奇。观众不仅仅满足于弄清剧情梗概，或一般地领悟到影片的思想意念，而是要求清晰而流畅地感知影片叙述流程的每一个环节和细部，一部影片的蒙太奇首先应让观众看懂。

现在，一部当代的故事影片，一般要由五百至一千个左右的镜头组成。每一个镜头的景别、角度、长度、运动形式，以及画面与音响组合的方式，都包含着蒙太奇的因素。可以说，从镜头开始就已经在使用蒙太奇了。与此同时，在对镜头的角度、焦距、长短的处理中，就已经包含着摄制者的意志、情绪、褒贬、匠心了。

在镜头间的排列、组合和连接中，摄制者的主观意图就体现得更加清楚。因为每一个镜头都不是孤立存在的，它对形态必然和与它相连的上下镜头发生关系，而不同的关系就产生出连贯、跳跃、加强、减弱、排比、反衬等不同的艺术效果。另外，镜头的组接不仅起着生动叙述镜头内容的作用，而且会产生各个孤立的镜头本身未必能表达的新含义来。格里菲斯在电影史上第一次把蒙太奇用于表现的尝试，就是将一个在荒岛上的男人的镜头和一个等待在家中的妻子的面部特写组接在一起的实验，经过如此"组接"，观众感到了"等待"和"离愁"，产生了一种新的、特殊的想象。又如，把一组短镜头排列在一起，用快切的方法来连接，其艺术效果，同一组的镜头排列在一起，用"淡"或"化"的方法来连接，就大不一样了。

苏联电影大师爱森斯坦认为，A镜头加B镜头，不是A和

B两个镜头的简单综合，而会成为C镜头的崭新内容和概念。他明确地指出："两个蒙太奇镜头的对列不是二数之和，而更像二数之积——这一事实，以前是正确的，今天看来仍然是正确的。它之所以更像二数之积而不是二数之和，就在于对排列的结果在质上（如果愿意用数学术语，那就是在'次元'上）永远有别于各个单独的组成因素。我们再举一个例子，妇人——这是一个画面，妇人身上的丧服——这也是一个画面；这两个画面都是可以用实物表现出来的。而由这两个画面的对列所产生的'寡妇'，则已经不是用实物所能表现出来的东西了，而是一种新的表象，新的概念，新的形象。"

由此可见，运用蒙太奇手法可以使镜头的衔接产生新的意义，这就大大地丰富了电影艺术的表现力，从而增强了电影艺术的感染力。关于这个问题，我们还可以从物理学上的一个现象得到极大的启发：众所周知，炭和金刚石这两种物质，就其分子组成来讲是相同的。但一个出奇的松脆，一个则无比的坚硬，为什么？科学家研究的结果证明：是因为分子排列（品格结构）不同而造成的。这就是说，同样的材料，由于排列不同，可以产生如此截然相反的结果，这实在发人深思了。

匈牙利电影理论家贝拉·巴拉兹也同样指出："上一个镜头一经连接，原来潜在于各个镜头里的异常丰富的含义便像电火花似地发射出来。"可见这种"电火花"似的含义是单个镜头所"潜在"的为人们所未察觉的，非要在"组接"之后，才能让人们产生一种新的、特殊的想象。我们所讲的蒙太奇，首先是指的这种镜头与镜头的组接关系，也包括时间和空间、音响和画面、画面和色彩等相互间的组合关系，以及由这些组接关系所产生的意义与作用等。

从概念上来界定，蒙太奇一词来自于法语，原意为建筑学上的构成、装配，借用到电影艺术中有组接、构成之意。蒙太奇的构成基础是电影的剪辑技术，但是，这两个概念并不等同。蒙太奇是电影创作的思维方式，更是导演的创作方式。具体可定义为：根据剧本的要求，分别拍摄成许多镜头，然后按照剧本、导演的艺术构思，把这些镜头有机地、艺术地加以剪辑，使之产生连贯、呼应、对比、暗示、联想、衬托等效果，从而组合成有组织的片段、场面，直到被广大观众理解，表达一定思想内容的影片。

二、蒙太奇的分类

蒙太奇分为叙事蒙太奇和表现蒙太奇。叙事蒙太奇是为讲故事服务的，指的是讲故事的过程，强调叙事的时间性。表现蒙太奇是为表现情节服务的，强调叙事情节的张力，表现力。

（一）叙事蒙太奇

叙事蒙太奇以镜头的组接来交代情节、展现事件的蒙太奇，它以事件时间流程，逻辑顺序和因果关系来分解、组合故事。通过分解组合，起到引导观众理解故事、连贯动作、推进剧情等作用。包括：平行式蒙太奇、交叉式蒙太奇、错觉式蒙太奇、重复式蒙太奇。

平行式蒙太奇是指电影故事内容比较复杂，不是单一线索的发展，同时几条线索交叉发展，以不同时空（或同时异地）发生的两条或两条以上的情节线并列表现，分头叙述而统一在一个完整的结构之中。

交叉式蒙太奇是把同一时间、不同地点的平行动作或场面交替叙述，使之相互加强，造成惊心动魄的印象。交叉式蒙太奇与平行式蒙太奇一样都表现了几条不同线索的交错发展，它们的区别在于交叉式蒙太奇强调严格同时性、密切因果关系、频繁镜头切换。

错觉式蒙太奇的拍摄手法指，首先通过一些镜头的切入故意使观众猜想到情节的必然发展方向，但是，忽然来个180°的大转变，不是人们所意料中的镜头，而是恰恰相反，给人以出乎意料的感觉。

重复式蒙太奇指相同镜头在一部影片中反复出现，这种叫复现式蒙太奇。它为强调或突出某一项，以便加深观众对比的感受。

（二）表现蒙太奇

表现蒙太奇以镜头对列为基础，以观众视觉心理作用为依据来组合镜头，因此剪辑组合没有强烈逻辑关系和因果关系，它是通过两个镜头的冲击，表现更为丰富的含义。它是表现创作者主观的情绪、倾向和思想。表现蒙太奇包括对比蒙太奇、积累蒙太奇、心理蒙太奇、隐喻蒙太奇。

对比蒙太奇指画面内容相对或相反，而有着某种内在联系的镜头和对立组合。由于画面形象鲜明对照，可以看出不同事物的本质，使观众在感情上产生一种强烈冲击。在电影当中，有的镜头的处理既是叙事蒙太奇，又是表现蒙太奇，即在叙事的过程中加入了抒情、思想表达的作用。

隐喻蒙太奇有如文学中的比喻和象征，在电影中，它通过镜头的对列组合来产生比拟、暗示、象征等效果，它在电影中具有深化主题、深化内涵的作用。

心理蒙太奇通过镜头的对列组合，直接表现人物心理意识活动，如回想、幻觉、梦境。这是现代电影发生的一个重大变化即内向化。

积累蒙太奇是把一些性质同属一类，而画面内容并不相同的许多镜头连续组接在一起，以达到强调的效果。

三、蒙太奇的功能

蒙太奇可以单纯地形式地起到连接镜头的作用，更重要的它是影视艺术家应具备的观念和思想，主要功能可以概括为以下六点。

（1）对镜头的选择及动作的取舍，对主题的概括与情节的集中，通过蒙太奇的分切与组接，突出主题，强调重点。

（2）积极引导观众参与影片的创作。吸引观众的注意力，激发观众的想象力。每个镜头虽然只表现一定的内容，但组接一定顺序的镜头，能够规范和引导观众的情绪和心理，启迪观众思考。

（3）创作影视艺术独特的时间与空间，运用蒙太奇的分切与组合，将现实生活的时空变成艺术的有限时空与无限时空，实现对时空的再造，形成独特的影视时空。

（4）运用蒙太奇的艺术手法，创造出影视片内部结构的严谨和外部结构的流畅，产生出影视片强烈的节奏感。

（5）运用蒙太奇镜头的分切与组接，产生新的含义和概念，使原来单一无意义的镜头变为具有意境又具有寓意的影视语言。

（6）声画的有机组合，多元素（表演、摄像、造型、声音等）的融合，产生完整、统一的声画合一的银屏幕形象。

四、长镜头

与蒙太奇语言相对的另一种电影拍摄手法是巴赞提出的长镜头理论。长镜头是指拍摄之开机点与关机点的时间距，也就是影片的片段的长度。电影中的长镜头不仅指胶片尺数长的镜头，而且是指在尺数相对长的镜头中包含着丰富的场面调度。即在一个不间断的镜头中，人物与人物、人物与摄像机之间丰富复杂的运动形式。

长镜头所记录的时空是连续的、实际的时空。长镜头不打断时间的自然过程，保持了时间进程的不间断性，与实际时间、过程一致，排除了蒙太奇通过镜头分切压缩或延长实际时间的可能性。

长镜头表现的空间是实际存在着的真实空间，在镜头的运动中实现空间的自然转换，实现局部与整体的联系，排除了蒙太奇镜头剪接拼凑新空间的可能性。

所表现的事态的进展是连续的用一个长镜头对一个场景、一场戏（一个过程）进行连续的不间断的拍摄，再现了事件发展的真实过程和真实的现场气氛。会产生一种真实、自然、生动的效果。

长镜头具有不容置疑的真实性。长镜头具有时间真、空间真、过程真、气氛真、事实真的性质，排除了一切作假、替身的可能性，具有不可置疑的真实性。

第三节　镜像理论与观影心理

一、镜像理论

法国思想家、精神分析学家拉康，是精神分析学科史、当代欧洲思想史、当代人文社会学科史上划时代的人物之一。他是精神分析理论的集大成者，是被视为弗洛伊德众多的后继者、弟子中的佼佼者和"头号叛徒"。他对于弗洛伊德理论的修正和改写，最终导致了精神分析学派的分裂。弗洛伊德的相关理论给我们提供了一个三到四个角色的多幕剧：那是一个男孩子和他的父亲、母亲的故事。关于一个男孩子如何宿命地陷落在某种俄狄浦斯情节之中，充满了"杀父娶母"幻想，而最终迫于父亲的权威和阉割威胁，而放弃了这不伦的欲望，由对母亲的认同转向对父亲的认同，将自己的欲望对象有母亲转移到另一位女人，并最终使自己成为一位父亲。与此相对照，拉康的论述只提供了一部漫长的独幕剧，其中只有一个人物和一个道具。人物是一个最终被称为主体的个人，道具则是一面镜。全部剧情便发生在一个人和一面镜之间。

拉康的"镜像阶段"理论描述了人在 6～18 个月的生命经验。对于拉康，这是个体的生命史，主体形成的最重要的阶段。6～18 个月的孩子被抱在镜前，从无法辨识自己的镜中像，到充满狂喜地"认出"自己，并开始迷恋自己的镜像的过程。在这一过程中，第一个阶段，镜前的孩子把镜中的孩子指认为另一个孩子，一个不相干的形象，他无法辨识自己的镜中像，因此对之无动于衷。第二个阶段，是孩子认出了自己的镜中像。在这两个阶段中，孩子的自我确认存在着双重误识：当他把自己的镜中像指认为另一个孩子时，是将"自我"指认成"他者"；而当他将镜中像指认为自己时，他却将光影幻象当成了真实——混淆了真实与虚构，并由此对自己的镜像开始了终生的迷恋。与人类不同，动物对镜中像的兴趣，仅限于第一个阶段，即把自己的镜像误认为是他者，从而开始不断地吼叫或嬉戏，如对着镜子大叫的小狗。但是当动物了解到，镜子中是自己的影子时，它们会索然无味地离开。在面对自身镜像的意义上，似乎只有人类的反应不同。人类区别于动物而言，是情感动物、思想动物、语言动物和镜恋动物。

在拉康的表述中，镜像阶段，正是人"主体"的形成过程。将之分成主体、自我、他者三分结构进行描述。主体是在自我与他者之外的，是自我形成过程中的建构性产物。所谓"主体"是某种或可称之为"他/我"或"我/他"的建构性存在。主体建构过程正是把自我想象成他人，把他人指认为自我的过程。形成"镜像阶段"的前提性因素，是匮乏的出现，对匮乏的想象性否认即欲望的产生。

如果按照进化论的叙述，人类来自大自然，那么，人类是一种大缺憾的哺乳动物。在自然生存的意义上，人类是某种早产儿。绝大多数哺乳动物一经出生，很快就可以颤颤巍巍地站立起来，挣扎着生存下去，而人类则不同。就自然生存而言，人类有着一个长得不尽情理的婴幼儿期。在这漫长的婴幼儿期，孩子不能自主身体，不能整体地感知和把握自己的身体，其生命和外界相联系的唯一途径是视觉。此时，婴儿认出镜中像是自己的时候，伴随着极大的狂喜，因为那是和自我体验完全不同的完整富饶的生命形象。孩子在镜前举手投足，牵动着自己的镜中像，获得了一种掌握自我和他人的幻觉——对于一个行为无法自主的孩子来说，那是一份空前的权力。于是一个镜前戏耍的孩子"我"和一幅言听计从的镜像"他"，共同构成了关于理想自我的想象。可以说，是在镜像阶段，启动了一个名曰自恋或自卑的生命历程。因此，当这个镜前的婴儿长大成人，他可能怀抱着关于自己正是那一理想自我的想象，颇为自得；也可能终其一生追逐和渴望到达理想自我的高度，而厌弃自己的现实生存。我们可以在自恋和理想自我的投射意义上，阐释偶像崇拜的产生。那是再次把自我转投射向他者，将他者想象为理想自我的实现的心理机制。

主体的最终形成以语言中第一人称代词——"我"的出现为标识。我是孩童时代最后出现的人称代词，在此之前，孩子会在相当长时间用第三人称指代自己，那正是镜像阶段尚未过去的标识之一，"我"的确认，正是联系着主体幻觉、自我对象化、自我确认的过程。

二、观影心理与影院机制

从拉康的镜像理论来分析观影心理与影院机制可以发现，观众在观看电影的过程中，自觉接受影院的惯例，放弃自己的行为能力，将其全部行为简约为视觉观看，即凝视。这时，眼睛是作为一种欲望器官而凝视，在观看行为中获得快感。我们在凝视的过程中，携带并投射着自己的欲望。凝视使我们在某种程度上逃离了象征秩序而进入想象关系之中，将我们再度带回到镜像阶段。在观影过程中，眼睛作为一种欲望器官，是被充分象征秩序化的器官，所看到的是想看与可以理解和接受的。在观影的凝视过程中，又逃离了象征秩序而进入想象关系之中的观看，欲望包含在观看行为之中。在看的过程中，运用个人的幻想，获得一个想象的场景，主体是其中的主角。其中指涉的不是需要的满足，而是未满足的欲望，印证着欲望的匮乏与缺席。

观众的观影心理，把电影当作梦，把荧屏当作镜，混淆了自我与他人、真实与虚构的状态，充分唤起一种心理认同机制。观众作为全知主体，首先认同自己是观看者的角色，获得了旁观者的优势与安全感。另外，观众通过自我想象，投射在荧屏上的奇异世界和理想人物之上，如置梦中，是一个同时身在多处的主体。观众在影片中认同英雄，认同蒙难者，认同赢家，认同输家……于是，我们经历着无尽的悲剧与喜剧，目睹这无穷的爱神与死神，自己却毫发无伤。

三、电影《情书》的镜像观

1995 年，公映的日本电影《情书》引起了国际影坛的关注。这是一部关于爱、记忆与离丧的优美故事，是一部青春片。所谓青春片并不同于青春偶像剧。青春偶像剧是青春神话的不断复制再生产，而青春片则旨在表达青春的痛苦，其中诸多的尴尬和匮乏，挫败和伤痛，是对无限美好的青春神话的颠覆。近似于意大利作家莫里亚克的表述："你以为年轻是好事吗？青春如同化冻中的沼泽。"

这是一部关于孤独、死亡、再生、记忆（遗忘）的故事，是没有爱情的爱情故事。从镜像理论分析该影片，发现影片实质上在描述一个人和一面镜子的故事：一个人绝望地试图获取或到达自己镜中理想自我的故事。片中人物有着多重镜像关系，始终以欲望对象的缺席为前提，表现着欲望与匮乏、创伤与治愈，展现了现代人的自我寓言。

首先分析女主人公之一博子。影片通过一人分饰两角的方式，将两位女主人公不断接近，最终导致博子想象王国中的爱情碎裂。博子忘我的他恋其实是一种强烈的自恋，她爱着恋爱中的自己，因为情人的眼睛是一面最美好的镜子。博子一直幻想着树对她的爱。她通过写信给死去的树的方式，来想象死者的生，也是印证死者的死。结果意外获得与树同名的，树的中学同学树（女）的回信。博子绝望地试图沿着爱、爱人的缺席抵达在场，获取爱人生命中不曾分享的段落时，却再一次印证了爱的缺席，那是只属于树（女）的爱，自己只是她的影子。

影片真正的女主人公应该是藤井树（女），她是无爱之恋的女主角，却一直"视而不见"，直到屏忆状态（被遮蔽，但尚未遗忘和治愈的创伤）被打破。最终看到自己的素描画，体认到自己的初恋。

男主人公藤井树（男）是一种纳喀索斯（水仙花）式的自恋，他爱着与自己同名的树（女）却在青春期羞于表达，这种纯真的他恋其实是一种赤裸裸的自恋。

这部关于青春的残酷物语，在表面上大家获得了表面获救，而实则是都市青春的寓言：一个人和一面镜子的故事，孤独者构成的世界。

第四节 大众电影的产业化特征

电影作为一门综合性的艺术，也是一门综合性的产业。电影产业是指以电影制作为核心通过电影的制片、生产、发行和放映以及电影音像产品、电影衍生品、电影院和放映场所的建设等相关产业经济形态的统称。

一、制片

（一）大投资

随着电影产业化趋势的加强，电影产业呈现出垄断、合作、全球化的态势。例如好莱坞的"八大金刚"：20 世纪福克斯、迪士尼、米高梅、派拉蒙、索尼、环球、华纳兄弟、梦工厂八家电影制片公司每年出品的影片数量,占到美国电影数量总数的60％到70％,其余的30％大多是独立电影制片公司出品的。在本土市场饱和后,具有一般资本禀赋及特征的美国电影产业资本开始向国外市场和非影院市场拓展,多国投资合拍如今成为正常运作方式。同时,好莱坞早就开始购买或合营海外的发行公司和电影院线,以达到共担投资、票房风险的目的。

(二) 制片人制

制片人制体现了制片人在一部电影的商业化运作中的绝对主导作用。在制片人制主导下的电影中,制片人是能够拉来资金的策划人,他是电影的最高管理者。有权改动剧本情节,决定导演和主要演员的人选等。

"制片人"是指具有相当高的艺术造诣和敏锐的经济眼光,能够通过准确分析社会动态和对观众心理的正确判断,确定拍摄选题、总体设计和经费预算,对摄制组具有领导能力的电影制作的总负责人。

在电影的产业化运作过程中,"制片人"是能够拉来资金的策划人,他是电影或电视剧的最高管理者,全权负责"挑本子、找款子、组班子、卖片子"等全盘工作。制片人有权改动剧本情节,决定导演和主要演员的人选等。在商业电影发达的地区,许多经验老到的制片人可以决定拍摄哪一种走向的电影,电影的风格走向,甚至凌驾于导演让成为电影内容主导者,是拍片过程中权力最大的人。

具体在电影拍摄前,制片人是一部影片的发起者,他有权决定投拍什么样的剧本,聘请导演、摄影师、演员等。在电影拍摄中,制片人派出影片监制,代表他管理摄制资金,审核拍摄经费并控制拍片的全过程。影片完成后,制片人还要向市场进行宣传推销。

中国自 2002 年开始,以新的《电影管理条例》颁发为总标志,中国电影业开始了新一轮的体制改革和产业化进程。中国电影从传统的"导演制"开始向"导演制"和"制片人制"相结合的模式。

制片人制平衡了电影的商业性与艺术性之间的关系，规避"导演中心制"的弊端，推动电影的产业化方向。

（三）明星制

明星制指大制片公司重要影片的生产、宣传都围绕明星进行，从而使明星成为一部影片或一系列影片的品牌，成为企业进行产品差异化策略和其他对手展开竞争的最重要手段。

明星制对制片方的影响表现为：首先，明星制直接造成了制片成本的上涨，使电影业成为可以获取巨额利润的行业；其次，明星制将电影业的制片、发行、放映三个环节之间的利益更加内在地衔接起来；最后，明星制成为大制片公司借以维持自己垄断地位的一道壁垒。

二、制作——类型片

（一）类型电影的概念

类型电影是以巨大的数量和一种特定的规范在各制片厂的"流水线"上拍制出来的，是在电影商业原则下的"一种寻找内容的形式"。

类型电影有着较为固定的叙述模式、场景设置、人物关系，类型化的人物形象，约定俗成的表达技巧和艺术手法，明确的受众市场，是电影成熟的标志。

类型电影有利于降低成本，保障票房收入，提高利润率。类型电影并没有地域或时代的限制，泛指按照各种不同类型或样式的规定要求制作出来的影片，强调影片创作上的规范化、程式化、模式化。

（二）类型电影的发展历程

最早的类型电影是指 20 世纪三四十年代，在好莱坞占统治地位的一种影片制作方式和创作方法。最早的类型片有：西部片、歌舞片、科幻片、犯罪片，后来发展创作出喜剧片、战争片、爱情片、伦理片、惊险动作片、灾难片、儿童片、恐怖片等类型电影。

制片商为赢取最大利润，对一些受到观众欢迎的影片大量仿制，并且从中寻找和归纳出一些成功的模式，久而久之形成相对稳定的影片类型。同时，类型影片的出现也利用了观众审美心理中的"期待视野"，他们暂时消除了人们认识到的社会和政治冲突，帮助打消了人们在这种冲突压迫下可能萌发的行动念头。

类型电影的制作根据观众的心理特点，在一定时期内以某一类型作为制作重点，即采取所谓"热潮更替"方式。在人们厌烦了西部片之后，便换上恐怖片，然后再继之以其他类型影片，如此周转不息，反复轮换。类型电影作为一种拍片方法，实质上是一种艺术产品标准化的规范。它的规定性和对影片创作者的强制力，只有在以制片人专权为特点的大制片厂制度下才有可能发生作用。因此，随着大制片厂制度在 20 世纪 50 年代以后的逐渐解体，类型电影也趋于衰落，各种类型之间的严格界线趋于模糊，愈来愈成为一般意义上的样式划分了。

好莱坞的类型电影，事实上，是在主题和题材、图像和符号、人物和情节以及形式和技巧等方面所进行的雷同的比较。而特别是那些明星，当他们所塑造的人物形象，被作为影片叙事欣赏的主体，吸引着观众视线，并因此而夸大了他们的才能的时候，人们的确是把他们理想化了。而他们不过是"静态的叙事媒介"，作为图像符号和类型姿态的体现者，作为类型形式的一部分在起着作用。好莱坞类型电影的制作和类型电影观念的发展，尽管在某种程度上丰富了电影的叙事形式和叙事语言，但从整体上看，好莱坞类型电影的叙事模式，仍旧隶属于戏剧性的叙事模式。类型片强调影片故事情节取胜，人物关系也从属于情节关系。"电影叙事的发展是人为的、形式主义的，并且像它的人物一样是定型的。"好莱坞强调连贯性的剪辑和流畅性的时空组合，以利于一环扣一环的封闭的因果关系的线性发展。影片的情节和镜头也遵循着逻辑的发展，竭力造成时空的连贯性，便于得到观众的认同。

20世纪六七十年代，好莱坞电影走向新局面。其特点有：首先，受到欧洲电影的深刻影响。例如电影《邦妮和克莱德》作为美国现代电影的里程碑。同时具有惊险片、警匪片、传记片、喜剧片、公路片等特点，融入欧洲艺术电影风格。其次，完全突破旧好莱坞戏剧化电影美学风格的束缚，强调向自然真实靠拢。为故事开辟广阔的社会背景，使其具有社会批判价值，并将其融入纪实性结构之中，人物主人公具有更加复杂的精神世界，实景拍摄。最后，迅速适应时代和社会的需要。完成了商业电影艺术化、艺术电影娱乐化的过程。

（三）类型电影的基本元素

类型电影包括公式化的情节、定型化的人物、图解式的视觉形象。类型电影的基本元素具体可归纳为以下几方面。

（1）结构完整，情节动人，讲述一个有因果关系的故事。

（2）人物性格平面化，是非分明、善恶清楚。

（3）固定的电影语言模式。开始用远景镜头交代场面，用全景中景和近景镜头描写角色及行动，再用半特写和特写镜头表现说话者和听话者。

（4）使用漂亮的明星，画面柔和、美观动人。

（5）电影语言透明性，不追求隐喻、象征手法。

（四）类型电影特征

（1）每一种类型电影都有自己特定的基本主题，基本是表现冲突，如社会与人、压制与自由、文明与自然等，正是这种冲突的不能解决，使观众一次次走入电影院。

（2）类型电影对其特定的文化主题的展示是依赖于一套特有的叙事系统，即通过对环境、人物及情节的编码，建立起一套完整的价值体系。

类型电影把社会禁止的体验和被允许的体验结合起来，最终结果使前者显得合理，后者得到丰富，"观众满意而来而又满意而归"。

这套价值体系可以在电影中被"操纵"，从而有解决这一冲突的可能，而解决的结果往往是和当时社会的主流文化的价值取向、社会心理相一致的。这套价值体系也是在不断调整中继承和延续的，为了适应社会价值观念和社会心理而不断在改变。

（3）把观众的欣赏习惯和欣赏趣味放在首位，与观众的欣赏心理合拍，使观众的情感和想象都得到了极大的满足。类型片随着观众的心理需求而不断实现内容与形式上的变化。所以，类型片的不变，是在迎合观众心理需求上的不变，并不是影片本身内容上的一成不变。

三、放映

票房是指一部电影放映期间累计之总收入。票房可以很大程度上反映电影市场的状况和发展。可窥见电影市场热门的电影类型，电影观众的数量与年龄层次等，不同地市电影市场的发展状况等。下面就 2015 年中国电影市场的发展状况进行分析。

根据广电总局公布的数据，2015 年全国电影总票房为440.69 亿元，同比增长 48.7％。国产影片票房 271.36 亿元，占总票房的 61.58％。全年故事影片产量 686 部。公开上映的影片中，票房过亿影片共 81 部，其中国产影片 47 部。国产影片海外销售收入 27.7 亿元，同比增长 48.13％。全年观影人次

12.6 亿，同比增长 51.08%。全年新增银幕 8035 块，平均每天增长 22 块，全国银幕总数已达 31627 块。平均票价 34.8 元，同比降 0.5 元；场均人次 23.2 人，同比上升 1.5 人。

2015 年是创造奇迹的一年，7 月 18 日，实现单日票房 4.25 亿的历史纪录；7 月 13—19 日，单周票房最高纪录 17.8 亿达成；9 月 9 日，《西游记之大圣归来》以 9.56 亿的票房成为国内最卖座动画片；9 月 16 日，《捉妖记》票房定格 24.39 亿，以 1288 万的优势超越《速度与激情 7》，成为国内最卖座电影……然而，这一系列荣光的背后，是某影片为任务大肆作假，是某影片为破纪录大搞幽灵场，是某院线为补贴狂录假票房……光荣与混乱，交织成国内影市奇特的交响曲。

票房作假也罢，国产影片保护也罢，2015 年实实在在地成了国产电影崛起年。排名前 20 的影片中，国产片占 11 部，票房 126.7 亿，单片平均票房 11.5 亿，而其他 9 部进口片的票房仅 95.6 亿，单片平均票房 10.6 亿。国产大片第一次在票房体量上与好莱坞站上同一个台阶。而就在 2014 年，Top20 的影片中，9 部进口片的平均票房是 7.78 亿，11 部国产片的平均票房仅有 6.45 亿。

除了票房给力，2015 年还涌现出一批高质量影片。除《西游记之大圣归来》外，春节档的《狼图腾》、国庆档的《夏洛特烦恼》、圣诞档的《老炮儿》等，实实在在地印证了口碑对票房的巨大推动作用。虽然到目前为止，如《富春山居图》般票房口碑倒挂的情况还屡见不鲜，但中国观众对好影片的支持度正越来越高。

一直不受观众待见的文艺片，也正在获得越来越多观众的青睐，票房也屡创佳绩。王小帅的《闯入者》、独立电影《心迷宫》、纪录片《喜马拉雅天梯》、还有《十二公民》《一个勺子》等都获得了千万以上的票房。贾樟柯的《山河故人》斩获票房 3220 万，超过其以往影片的票房总和。《失孤》2.16 亿、《烈日灼心》3.05 亿，自《白日焰火》以来，文艺片与商业片的界限日渐模糊，主流观众的审美不断提高。

四、电影产业的属性与特征

（一）电影产业的属性

从产业属性上来看，区别于其他物质生产领域的产业，电影产业不仅拥有经济属性，还拥有社会文化属性。

从经济学的角度来看，电影产品本身具有交换价值，可以满足市场需求，因此具备经济属性。电影的生产制作过程十分特殊，它是一种概念先行的创作，是从抽象讨论落实到实际执行的一系列过程。因此，在这一过程中涉及了很多不同类型企业的参与和多种形式的经济活动。同时，由于电影可以大批量的机械复制生产，边际成本比较低。所以，对于电影产业来说，电影产品"内容"生产是其产品竞争力中最重要的因素之一。

电影是具有深厚社会文化意涵的一种艺术形式。电影本身拥有承载信息的能力，其本质是通过流动的图像讲述故事。叙事性也成了电影意识形态性的根源，在叙事的过程中，蕴含着文化的传递。文化作为电影叙事的背景因素之一，将自始至终出现在影片中，因此，电影成了文化议题的一部分，特定的文化背景、文化意识、价值观、生活方式在电影中被传递出来。

电影作为人类文化中一种更带有机构性质的艺术"话语"，其意识形态性是不言而喻的，或者说电影艺术"话语"本身就是在一定的意识形态中被构成的。

（二）电影产业的特征

1. 电影产业具有独特的盈利模式

中国电影产业的收入来源主要包括电影票房收入、出售电视电影频道播放权收入、广告收入、衍生品开发收入、网络版权收入等几个方面，其中电影票房是主要收入来源，而票房收入在电影产业链中采取的是分账制，就是制片方、院线和影院之间对电影票房收入按比例分成。

电影院线在下游控制电影放映，凭借其垄断势力获得分成比例有逐渐扩大趋势。为保护制片方的利益，促进电影业健康发展，在 2008 年底广电总局下发指导意见，建议国产影片的制片方分账比例提升至 43％，放映方不得超过 57％。电影产业这种利益分配模式势必会对电影产业投融资产生影响。

2. 电影产业具有较大的需求收入弹性

一个产业的需求收入大说明该产业具有较好的发展前景，产品的需求收入弹性指的是产品需求变化率与居民收入变化率的比率，反映产品的社会需求变化，居民收入变化之间的关系，产品收入弹性大说明产品需求相对于居民收入变化比较敏感，即居民收入较小的变化会引起产品需求的较大变化。

由于中国农村电影发展滞后，票房收入很少且统计困难，现有电影票房统计都是城镇票房收入，因此，选取城镇居民人均可支配收入进行计算。

由以上可以计算结果看出电影产业有较大的收入弹性，电影产业需求增加幅度明显大于居民收入增长幅度，表明电影产业有较好的市场前景，政府应该加大扶持和投资力度，促进电影产业快速发展，更好地满足国民日益扩大的需求。

3. 电影产业具有集群化、全球化发展的特质

电影产品制作周期较长、影片前制、拍摄和后制中的复杂性、分散性的特点，决定了电影产业的发展需要其他相关产业配合与支持。因此，许多国家都选取集群战略作为发展电影产业的长期战略。通过产业集群的发展，可以有效地占据电影产业链发展的核心位置，形成强大综合竞争优势。美国的"好莱坞"、印度的"宝莱坞"、尼日利亚的"诺莱坞"、韩国的"忠武

路"等都是典型的代表。这些地区将电影产业、明星经纪、服务业、旅游业等有效的整合在一起，增强了电影产业的活性，也提升了相关产业的附加价值。

与其他产业不同，电影的产业集群具有自己的特有的内涵：世界各国电影产业集群大多建立在文化、经济基础设施优厚的城市，如前文所提及的洛杉矶、孟买、首尔等都是该国的经济、文化中心。这是因为，经济资本、文化资本、创意资本是一部电影从制作、发行到上映最重要的保障条件。而经济、文化中心城市往往比其他地区具备更好的投融资渠道及人才资源。

4. 电影产业属于资本密集型产业

按生产要素的密集程度对产业进行分类，可分为：劳动密集型产业，资本密集型产业，技术密集型和知识密集性产业。其中资本密集产业是指在生产过程中对资本的需求依赖程度较大的产业，或者说是资本有机构成水平较高。电影产业的发展依靠大量资本投入，电影制作，电影宣传推广，影院建设等环节都需投入大量资金，产业具有较高的资本系数。

5. 电影产业具有规模经济效应

规模经济指的是随着产品生产规模的扩大，单位产品的生产成本会逐渐下降的经济现象。对影片制作来说，电影制作完成时，即电影母版制作完成，其主要要素投入已完成，这时母版包含电影产品的大部分成本，2009 年中国国产故事影片的品均制作成本在 700 万元人民币左右，中等成本电影在 5000 万人民币以上，而制作一份电影拷贝的费用在 2000～3000 美元，电影发行放映成本相对于巨额的发行成本来说是微乎其微的。电影在放映时，投放拷贝的数量越大，单个拷贝成本就越低，具有明显的规模经济效应。

6. 电影产业具有高度的外部相关性

20 世纪 60 年代之后，全球电影产业逐渐从垂直整合模式过渡到水平整合模式，电影产业成为带动整个文化娱乐产业发展的排头兵。出版、音乐、电视、互联网、动漫等产业都与电影产业保持着极强的关联性。目前主控全球传媒文化资产的大型传媒集团——包括迪士尼集团、时代华纳集团等都是以传统的好莱坞电影公司为其核心。

电影本身是汇聚了音乐、戏剧、舞蹈、文学等其他艺术形式的特性；在载体呈现上，它又具备复杂的技术形态能与现有的数字技术产业而相对接。此外，近年来电影衍生产品的开发与拓展，也使电影产业能与其他产业很好的对接。电影主题公园的开发、电影相关周边产品（如原声唱片、食品、电脑游戏）的授权成了电影制片公司重要的盈利模式。

7. 从产品消费特性上来看，电影产品具有很强的体验性

电影产业是通过创造供给来培育和创造消费需求的。电影产品在未被生产出来之前，市场对它的需求很难做出准确的判断。电影产品是一种体验产品，对于体验产品来说，消费者要通过亲身体验才能够了解产品特性。在电影产品交易过程中消费者所传达出来的经验对产品销售起到了关键性作用。因此，电影产品的消费比起其他工业产品存在着更高的信息成本，外界对于电影产品本身的信息传递至关重要。

由于各国受众结构的复杂以及消费需求的多样性，电影产品的营销环节在整个产业中十分重要。电影产品创造的是一种无形资产，积累的是一种品牌效应。消费者可以从不同途径对电影产品进行体验，分别是通过制片方渠道、影评渠道及口碑传播渠道。

目前，中国已成为世界第二大电影市场，并在不断缩小与北美市场的差距，电影业迸发出强劲活力。这一过程中，电影市场的结构也发生了一系列变化。从 2011 年起，国内在线售票渠道兴起，开始分食影院售票的利润"蛋糕"。到了 2014 年，超前预售、降价、补贴，各种促销方式同时发力，电影市场变化风起云涌。随着影院和银幕数的高速增长，观众分流和竞争压力日益明显。面对市场压力，首都电影院不断探索创新，改变工作和管理方式。在维护和改善已有会员系统的基础上，他们将主要精力放在为观众提供更优质的观影体验和服务上。譬如，引进自动化设备，让影片放映从人工控制变为自动控制，不但节省了人力，还提高了影片准点放映率；增加并不断更新3D放映设备，通过提高接待能力来满足日益增加的 3D 观影需求，同时给观众带来更加震撼的视听效果。

第三章　自由与游戏性的网络媒体文化

第一节　媒介文化

　　媒介文化的提出，是区别于以往传统文化的分类原则的。传统文化以符号和符号系统的分野作为依据，而媒介文化则以媒体和传播手段作为分类的依据。虽然，符号系统的差别根本上也是媒介手段的差异，但是，人们在前者更关注符号系统背后种种深远的含义；而后者，我们发现文化在一定意义上是由媒介生成的，不同的媒介方式生产不同的文化，只要有了新的媒介手段和媒介文化，新的意义总会源源不断地生产出来。

一、媒介文化讨论的意义

　　在现代媒体发挥其强大功能之前，高雅文化与通俗文化的区别，与其说是由文化内容决定的，不如说是有传播该文化所形成的圈子和人们的生活方式所决定的。高雅文化的圈子是贵族和有闲阶级的圈子，他们的教养、生活方式以及空间、时间上的富裕使他们比一般市民阶层和村民能获得更好的文化条件和精神享受。他们可以购买昂贵的歌剧或芭蕾舞剧的门票；可以在上层文化沙龙圈里讨论与交流文化；获得良好的文化资源和文化教育；并有余暇来训练自己的听觉与视觉能力，以赏析音乐与绘画艺术作品。这一切都需要强大的经济支撑与时间上的闲暇。反之，通俗文化在民间的流传是通过口口相传的形式，以自我情感抒发的无目的性进行的文化交流与传承，无需过多的呵护与经济支撑，其生产环境、存在条件、发展传统与高雅文化都是不同的。所以，高雅文化与通俗文化在内容的通达性、交流性的区别，其很大程度上受到文化所属的人的圈子的划分与区别，受到其传播环境的影响。

当代大众流行文化则是在另一种环境和条件下生成的，它与以往高雅或通俗文化的生长条件有很大的不同。大众文化的生长条件是大众媒体的传播功能和社会的流行趣味共同构建的。大众媒体打破了传统精英群体的圈子，将高雅与通俗文化进行了广泛的消融与交流。而社会流行趣味，是由社会风尚、社会心理、共同的习俗和环境等多种因素构成的。其中，社会风尚并不是社会全体成员所共有或共同参与的产物，它不是全体成员喜好的相加，而是由社会上有影响和有话语权的阶层的追求和价值取向；社会心理也不是社会全体成员的主体反应的综合，得到表现的社会心理总是同一定的社会语境和某些社会集团的势力相关。

所谓的"趣味"其发展历史，从古典美学意义上，与社会现实保持一定的距离，非功利性的，理解性的，甚而对抗时尚与潮流的具有高雅意味的涵义。而随着全球化市场经济的推动和媒介传播的全球化，当今的趣味方向受到销售排行榜的巨大影响，是一种流行趣味。它是非理性的，跟从潮流，屈从市场，成为时尚的风向标。

社会流行趣味的背后有着经济方面的影响与推动：一方面受到规模化生产和全球化市场的影响，使得流行文化冲破国家的界限，进行全球化态势的交流与传播；另一方面，这种流行趣味是由具有一定经济势力的社会阶层所推动的。他们是社会的中间阶层或者说是社会的中产阶级来身体力行的。

所谓的中产阶级一般指从经济地位、政治地位和社会文化地位上看，他们均居于现阶段社会的中间水平，这是一个貌似明晰，实则含混的定义。是指人们低层次的"生理需求，安全需求"得到满足，且中等层次的"感情需求和尊重需求"也得到了较好满足，但不到追求高层次的"自我实现需求"的阶层；由于家庭是社会的细胞，且大部分人的财富是以家庭为单元拥有的，所以中产阶级主要由"中产家庭"组成。

中产阶级，大多从事脑力劳动，或技术基础的体力劳动，主要靠工资及薪金谋生，一般受过良好教育，具有专业知识和较强的职业能力及相应的家庭消费能力；有一定的闲暇，追求生活质量，对其劳动、工作对象一般也拥有一定的管理权和支配权。同时，他们大多具有良好的公民、公德意识及相应修养。换言之，从经济地位、政治地位和社会文化地位上看，他们均居于现阶段社会的中间水平。2012 年，麦肯锡在北京发布的预测报告中，将中国中产阶级划分为两大类：大众中产阶级和上层中产阶级。其中，大众中产阶级的家庭年收入在 6~10.6 万元人民币之间，相当于 9000~1.6 万美元之间，这个群体在 2012 年占城市家庭的 54%；上层中产阶级的家庭年收入在 10.6 万元人民币到 22.9 万元人民币之间，相当于 1.6~3.4 万美元之间，这个群体 2012 年占城市家庭的 14%，其消费额占城市居民消费总额的 20%。

中产阶层尤其是上层中产阶层的偏好和趣味取向很大程度上成为或影响着社会的流行趣味。因为社会上层阶层的生活方式是极具雄厚的财力为基础的，不易为社会平民所模仿。而且，这一阶层的生活基本上是隐蔽的，在一般大众的视线之外。而生活在社会底层的人们为生计所累，无暇去自我挖掘爱好与趣味。即使有一定的兴趣爱好也很难被大肆宣传鼓吹，影响更多的人，所以很难成为社会流行趣味。

相比之下，中产阶层的生活状态，知识水平和社会地位，使他们的审美趣味和价值观更易被广大社会成员所了解和接受。一方面，他们在生计之外，有一定的资金和时间，为获得精神方面的满足而行动，以培养和满足自身的趣味旨趣；另一方面中产阶层是当今媒体组织的主力军，他们是媒体内容的主要创造者和审视者。他们拥有媒体的发言权和媒体影响力。他们享有主要的媒体资源，并身体力行的进行媒体宣传。另外，媒体也往往以宣传和鼓吹中产阶级的流行趣味为己任，因为这一趣味背后有着庞大的后备军。年轻群体踏入社会后的第一阶段，或者说他们所受到的职业训练就是进入中产阶层。由此，新一代人和社会流行趣味有着不解之缘。他们充满着无限的幻想和青春的活力，是各种现代神话的信徒和创造者。从某种意义上说，社会流行趣味是专门为他们而准备的一道人生大餐。他们往往将了解和掌握社会流行趣味作为一种有益的训练，误以为这是通向未来神话的一条必经之路。

大众媒体无论从市场占有率的考量还是媒体影响力的角度，都不会忽视一群在媒体上，尤其是互联网媒体上最活跃的年轻人的影响。他们既是社会流行趣味的实践者，也是其制造者。他们在注定成为媒介文化狩猎对象的同时，使媒介文化成为社会流行趣味的加工厂。社会流行趣味是取向于心理方面的，媒介文化则呈现在符号层面上。可以说，媒介文化最主要的品格就是主动与社会的流行趣味结缘，媒介文化促使流行文化的产生与传播，其基本上就是流行文化的同义词。

二、媒介文化的定义

随着电子媒介的发展，加速了媒介全球化与本土化的进程，它摧毁了一切传统的边界，构造了我们的日常生活和意识形态，塑造了关于自己和他者的观念。媒介文化已经变成了我们当代日常生活的仪式和景观。"媒介文化"的命名就是这一背景下的产物。所谓媒介文化，也可称为媒介化的文化，是指由当代传媒技术所引发的文化景观。具体指原有的各种文化通过媒体进行制作、加工、传播和交流继而发生变化和发展，即原有文化的媒介化。该定义可结合麦克卢汉关于"媒介即讯息"理论进行理解。他指出媒介绝不仅仅是一种工具，一个承载内容的

"形式"或载体，它本身也会对人产生"内容"方面的作用，使人产生或形成与媒介相关的行为方式与行事标准，这种标准和方式不是媒介的具体内容带来的，而就是媒介本身的性质决定的。麦克卢汉还指出"媒介是人的延伸"。所有的媒介都是人的某种心理和肉体能力的延伸。如印刷品是人们眼睛的延伸，收音机是人们耳朵的延伸，电视机是人们眼睛和耳朵共同的延伸。任何一种感觉的延伸都改变着我们思想和行为的方式，即我们感知世界的方式。当这种比例改变的时候，人就随着改变。由此，媒介发生着内容的意义影响着人的感知、认知、习惯与行为，具有文化的意义与影响，即原有文化的媒介化。

三、媒体价值观

（一）媒体价值观区别于日常生活价值观

媒体文化的话题是向当代社会生活开放的，所以，人们必然要把生活中的价值观带入到媒介文化之中。然而，媒介文化所宣扬的价值观并不等于人们的日常生活价值观。日常生活价值观同社会道德有着密切的联系，并且很大部分来自于对传统的继承，有一定的稳定性。而媒介文化中的价值观则是外在的，易向时尚靠拢而与时俱进，区别于日常生活价值观。

一般来说，日常生活价值观是内在于人们的思想和行为的，人们的言语行动或处理问题的方法、态度都受其影响，且价值观既然来自于传统或社会伦理，它就是在较长时间中形成的，慢慢渗透人的思想深处，成为行动的方向仪，决定着人们的日常思想的决策、行为的选择及其他诸多表现。

媒体价值观则不同，它不是长期的形成过程中对人们施以潜移默化的影响，而更可能是一种突变的力量，在某一时刻左右着人们的行为抉择。它是外在于人们的日常生活，充满了矛盾性的冲突，并强调这种冲突性，以引起大众的关注与追随。

另外，媒体价值观还有着主动的被胁迫性。受到社会群体压力的影响，如"沉默的螺旋"般，放大某一事件某一方面的声音而使得另一方的声音被淹没，或迫于舆论压力不便于表达自身的不同观点，直至越发的沉默下去。

例如，在汶川地震时的"王石门"事件。在汶川大地震发生当天，作为国内房地产龙头企业的万科集团第一时间捐款 200 万。部分网友质疑万科"200 万不足净利万分之四"。

2008 年 5 月 15 日，万科董事长王石通过个人博客回应，200 万是董事会的授权，且"中国是个灾害频发的国家，赈灾慈善活动是个常态，企业的捐赠活动应该可持续，而不成为负担"。

与此同时，有关王石命令"内部员工捐款不能超过 10 元"的传闻迅速流传于各大网站论坛上，这番言论令其遭到媒体和网民的口诛笔伐，个人和万科品牌形象也跌至谷底。

在该事件中，王石带领的万科集团忽视了企业的社会责任与危机事件下的有效行动力，犯了短视与自我中心主义的错误。但是，从他个人与企业的立场来看，他关于捐款的言论，即使有一定的道理支撑，在某种意义上，表现了企业关于捐款的长期稳定的行为方式。但是，这样的行为和言论之所以受到大众的巨大反感与批评，其很大程度上源于他的发言媒介。他是在个人博客上发表的捐款言论与立场的，而他的个人博客是一个影响巨大的自媒体平台，有着广泛的粉丝群体和网状式传播的即时性、互动性。他的行为与言论不仅是作为一名企业管理者，更是一位有着巨大社会影响力的名人。他在媒体平台上发出的声音，就不能仅仅出于日常生活价值观的立场发声，而更要顾及到媒体平台上应有的价值立场及其可能造成的社会影响。尤其在社会面临重大灾难，意见环境空前统一，大家都在团结一致抗震救灾的时候，英雄主义被歌颂，奉献自我被赞美。与此同时，这时关于自由、自我、个体化的声音被淡化，甚至很容易成为反动的声音受到谴责。这也是王石在该事件中混搅了日常生活价值观与媒介价值所造成的企业危机与个人信用危机。

那么，构成所谓社会舆论的"意见环境"的主要因素到底是什么？事实上，在现代社会中，"意见环境"往往是由大众媒体来营造的，它并不植根于我们的生活之中。媒体价值观是表面的、临时的，非理性的，它没有恒定的标准，习惯性的趋从时势。受到市场因素，主流价值观，意识形态的影响，但又不深入其间，分析其中的是非曲曲直直，它只尊重排行榜，其他因素都服从于这个主要指标。

（二）媒体价值观区别于意识形态

媒体价值观是认同当代社会生活的，它遵循"存在即合理"的原则，附和社会上的流行观念或现存的价值观，基本上不对它们提出批评或质疑。这样，它在其推行过程中受到的阻力最小，也最容易获得大众的支持。与其说，媒体价值观是意识形态的产物，不如说是媒介文化的派生物。尽管媒体价值观中包含着意识形态的种种痕迹，但是却没有确定的立场和系统完整的看法。它并不像意识形态那般封闭与立场坚定，而是开放的，流动的和趋时的，并不固执一词。例如近几年各大电视频道热播的清朝宫廷戏。从 1997 年热播的《宰相刘罗锅》《日落紫禁城》《雍正王朝》《康熙微服私访记》开始，便一发不可收拾，《还珠格格》《康熙微服私访记 2》《还珠格格第二部》《康熙微服私访记 3》《铁齿铜牙纪晓岚》《康熙王朝》《皇宫宝贝》《格格要出嫁》《铁齿铜牙纪晓岚Ⅱ》《风流才子纪晓岚》《李卫当官》《天下粮仓》《乾隆王朝》《少年天子》《梦断紫禁城》《江南京华梦》《十三格格》《康熙微服私访记 4》《还珠格格第三部》《宫》……

在中国已经推翻封建王朝的许多年以后，电视媒体出现了如此声势浩大的封建大"舞台"。这些宫廷剧充满了勾心斗角、情感纷争，完全无视其意识形态立场的落后与迂腐。可见媒体价值观所在意的并不是意识形态立场的坚定性与统一性，而是收视率与观众的观赏快感。

相对于意识形态的系统、完整、稳定，媒体价值观是浅薄的、流动的、盲目的和无根底的。它追随时尚却不深究时尚是否有品位，有底蕴。它是随机应变的，有时附和社会主流意识形态，但是不板着严肃的面孔；有时背离社会主流意识形态，又不敢正面挑战。它有着易风俗、移人性的力量，但不是立竿见影的。在它的嬉笑怒骂中既有正义的呼喊，也有邪恶的诱惑。媒体价值观的存在似乎时时处处在印证着人性的浅薄、易变和愚昧的善良，也时时表明人心不古、世风难久。

四、大众传媒的商业化本质

（一）"二次销售"规律——揭秘媒体与广告主的关系

大众传媒的产业化经营，使广告收入成为媒体良性运转的经济支柱，广告业务经营的好坏直接关系到一个媒体的生死存亡。媒介有着二次销售规律的原则。这一规律最初是对纸质媒体的总结，它提示出纸质媒体在市场上存在着"二次销售"：首先第一次的销售是销售其纸质媒体本身，但这往往并不会为媒体带来经济效益，很多报纸都在实行着"负定价"，即一种"赔本"的买卖。那么，纸质媒体的利润来源于哪里呢？来自于它的二次销售。即媒体通过一次销售吸纳到的受众的注意力销售给广告商。利润的大小往往取决于受众注意力吸纳的多寡。事实上，电视媒体也是一样，电视台用电视节目吸引受众注意，收视率的多寡直接影响其电视广告的赞助价值。

因此，广告与媒体内容的关系密不可分，"好"内容才能赢得高的关注度，获得丰厚的广告回报。广告收入的增加，可以为媒介运作提供物质基础和保障，使媒体走上良性循环。可见，媒介为了能够获得更多的经济效益，会运用多种手段去获得注意力资源并进行售卖，这为媒体文化的有力传播提供了良好的平台。

（二）广告对媒体的霸权

（1）大众媒体为广告提供高密度传播的时段空间。

广告传播中一个行之有效的策略便是反复强化传输，培养受众的倾向性和注意力。强化手段之一便是近乎饱和的传播密度，这是广告的市场策略。媒介为了盈利，尽可能的吸引广告商购买媒介时段空间。在广告上趋利取向和媒介获利取向的双重作用下，广告传播的密度不断加强。媒介追求收视率、到达率，实质上是在租用受众的注意力，然后将注意力卖给广告商。所以，注意力丰富的媒介资源，往往是广告信息爆满的时段和空间，这也正是注意力经济的表现。

（2）大众传媒作为大众文化形成的媒介基础，在内容上为广告文化提供参照。

媒介为了最大限度地获得注意力资源，以收视率作为节目去留的唯一标准，使得节目内容越来越媚俗化、娱乐化，这为广告内容的有效传播提供了一个有利的媒介内容空间，二者有着相似的价值取向。

（3）大众传媒通过对自身的时间切割、栏目划分，为广告提供优化的时间资源。

在广告对媒体的强大的经济影响下，广告已经成为一门分解媒介的艺术，媒介运作与广告传播是否合拍决定了相互利益的实现程度。所以，广告无止境地一步步向媒介内容渗透，恰恰是媒介主动向广告合谋妥协的结果。媒介往往按照广告意图和市场优化法则对媒介资源进行分配和再配置。

广告对媒介的霸权式介入，除了以上形式上的介入外，在媒介内容的意识形态导向上，还表现出了物质至上的单维价值导向；技术至上的工具理性导向；欲望至上的男权中心意识；利润至上的道德虚无主义等。这将在本书广告文化章节详述，在此不再赘述。

第二节　网络文化

2006 年 12 月，美国《时代》周刊封面上刊登了本年的年度人物照片是一台写着 you 的电脑。下方解释为："是的，就是你。你控制着信息时代。欢迎来到你的时代。"时代周刊执行总编辑施腾格尔说："如果你选择一个个人为年度人物，你必须得给出他是如何影响数百万人生活的理由。但是，如果你选择数百万人为年度人物，你就用不着给出理由了。"这个数百万是个虚数，重点在于说明互联网对全球人类的巨大影响。

我们现在就来看一下网络影响的这个 YOU 时代，首先，YOU 时代是一个我的时代，是一个个人主义价值观流行，人们的自我感受与自我要求高度张扬的时代。在今天，时尚、酷、In、炫、好、开心、爽等词的定义不再是什么社会通用定义，而是由消费者或发言者个人自己来确定的。与以往的任何时代比，这个时代的个人所获得的表达、闯荡、主张的空间大了许多。I（我）时代不是 We（我们）时代，这个时代个体自我主张、自我表达的要求更强；个体的我所拥有的信息及其丰富性比以往任何时候都更加发育；同时个体的我较以往更为要求平等化及协商化。当然，正如美国社会学家怀特所说，"自由意味着更多的迷惘"，对有些人来说，这个时代更像个无措的时代——缺少导师、缺少路标、缺少随时可依的指南手册，也缺少统一的标准。

一、网络与公共领域

（一）公共领域概念的提出与危机

公共领域是德国哲学家哈贝马斯提出的一个重要的政治、文化概念，它指的是介于市民社会和国家之间进行调节的领域。

在一个理想的公共领域中，公民可以就关心的问题进行讨论，并达成一个有益于大家的共识，因此共识可以监督国家权利并影响国际的公共政策。简言之，公共领域和公共意见的形成涉及一种公共性原则，这种公共性意味着公众以民主的方式控制国家的活动。

西方民主思想的传统根源于古希腊，其理想模式是城邦制的直接民主。这种民主是一种广场政治。雅典的广场不但是一个进行商品交换的市场，它还是一个市民们碰面、交谈、说闲话、评价他人的地方，是一个通过争论揭露政治观点限度的地方。市民们在广场的讨论中发展出一种理性精神、协商精神、自我治理的信心、政治参与感、共同体的认同感。雅典的民主制就是建立在这种广场政治基础上的。这种民主制是以个人为基础的直接民主，所以能够充分调动个人的政治参与积极性。而这种民主之所以可能，是因为它的人口不多，版图不大。近代学者托克维尔、韦伯都认为，小国更易实行民主，大国则相反。古希腊哲者认为，一个理想的城邦应该是几千人。相反，作为现代世界最重要的政治实体的民族国家则普遍很大，实行古希腊式的直接民主变得很不现实。民族国家这个现代共同体的人口很多，人们不可能相互认识或碰面。这使以个人面对面充分讨论为基础的直接民主由于技术、成本和效率方面的问题而失去了现实的操作性。由此，现代世界上流行使用代议制来实现民主的形式，即公民选举自己的代表，然后通过自己的代表在代议机构行使自己的政治权利。这是现实情况下对直接民主所做的一种修正，它的合法性基础仍在于市民社会或公共空间。哈贝马斯的研究证明，希腊的市民社会传统也保持在启蒙时代的沙龙政治中。

哈贝马斯心目中典型的公共领域是 17 世纪末、18 世纪初出现在巴黎和伦敦的沙龙和咖啡馆。在这些场所中最初进行的是有关文学问题的讨论，但很快就转向政治问题，就市民社会管理及国家行为进行批判与论争。哈贝马斯以一种理想化的方式归纳出这些公共领域活动所遵循的共同准则：第一，无论个人政治、经济地位如何，他们都能在"共同人性"基础上平等进行社会交流；第二，它是对理性的公共运用；第三，它广泛接纳公众，每一个公众都可以直接参与论争。他认为18世纪报业独立之后，初期主要从事于交流这种信息的报刊逐渐成为政治论争的中心地带，公共领域被体制化了。而随着19世纪和20世纪现代大众传媒的发展，公共领域衰落了。

现代社会代议制体制下形成的参与式民主，由于大众媒体的出现，大部分被固定于媒体。自主对话的参与形式在大众媒体上无法发挥，也很少被鼓励；相反，讨论议题的决定和选择常常保留在操纵的形式中。哈贝马斯把现代的大众传媒看作导致公共领域衰落的主要原因之一，是因为他心目中的理想的"公共领域"概念本质上是一个对话性的概念，其基本模式是个体在一个共享的空间中集聚在一起，作为平等的参与者面对面地交谈对话。政治自由的关键之一在于一个积极主动的市民社会。作为国家权力的对立物，市民社会可以起到限制国家权力的作用。当代保守主义普遍强调通过市民社会的独立性来限制国家的权力，由此保证公民的自由和民主制度。他们想减弱政府对人们日常生活的干预，"让政府别找麻烦"，让人民"过自己的生活"是他们广为宣传的口号。如果对比专制集权国家的统治，我们就会承认这种观念有它的道理。但从根本上说，这种政治治理仍是一种消极的政治自由观念，而且，其缺陷正在暴露出来，造成了当代代议制民主制的危机。

这种危机最重要的方面体现在人们对政治参与的冷漠以及共同体的分裂。由于强调政府与市民社会之间，进而是人们的日常世界与政治世界之间的相对分离，强调限制政府权力而不是公民对政府的积极介入，使公民与政府之间的距离越来越远。在选举完政治代表之后，政府就好像与公民不再有关。公民并不能有效参与到公共事务的决策过程当中，因而普遍有一种无能为力的感觉。共同体的分裂表现在利益集团、党派政治和身份政治形势中。在这种政治形势下，人民越来越以原子的方式看待自己，不相信与全体同胞有着共同的利益和信念。人民只相信自己的小集团利益，进而通过忠于自己的集团去获得公共权力，而不是通过讨论与协商来获得共同利益，这种政治上的分裂无疑将会破坏民主政治本身。

公共领域的概念就是面对当代民主制度的这些危机提出来的。相对于强调市民社会与公共权力的对立，哈贝马斯通过把公共空间概念定位为市民社会与国家权力之间的中介，从而强调了市民社会结合公民与国家公共权力的功能。公共领域概念试图通过强调个体间的理想对话、协商重新把公民个人的政治参与提到重要位置，并以此为当代民主制重建合法性的基础。

（二）互联网空间与恢复公共领域的新希望

大众媒体对人们日常生活的介入与影响，是公共领域衰落的重要原因之一。商业化的大众传媒把人们变成了信息和娱乐的消费者，而不是一个互动的民主进程中的参与者。媒体还受到利益集团和政党的广泛影响，成为后者追逐利益的重要手段。传播权利存在于发送信息的媒体一方，受众是被动的接收者，并不能在媒体上自由地发表自己的看法。所以，传统媒体的商业化、与政治集团的联系，以及传播权利的单向性，窒息了公共领域的活力。

然而，随着互动性、平台性、开放性互联网媒体的产生与对大众生活的深入影响，为网民自由表达意见提供了可能性。

首先互联网的商业化程度较低。由于其产生之初的使用习惯与历史传统，用户阅读大部分的互动网信息都是免费的。这样，互联网的信息也就较少受到直接商业利益的影响。这都会促进信息更加快速、自由地传播。互联网的互动性与智能性，使得网民可以就他们关心的事件发表自己的看法并传播出去，完全不同于传统媒体的单向传播特质。这都会促进信息更加快速、自由地传播，从而提高了民主程度及民主参与的效率。

其次，互联网为网民提供了自由表达自己意见的空间，并可展开广泛的互动讨论，这是传统媒体无法相比的。人类历史上，第一次由公众控制了一个媒体，成为这个媒体的主人，权利的所有者。人们如果对一个公共话题感兴趣，就可以在互联网上创建一个话题讨论平台，其他对该事件感兴趣的人，都可以通过对话、留言等形式参与到这个话题的讨论当中。这种对话性的媒体形式，创造了一种公共讨论的氛围。这与过去人们只能在一个大量发行的报纸上读到一些话题，并只限于同身边几个朋友进行讨论的情形完全不同了。在网络平台上，任何人只要通过注册、登录等方式，在几乎没有门槛限制的情况下，就可以自由发言，参与讨论。而意义是在符号、文字的沟通互动中逐渐协商形成的。也就是说，网络上话语的意义是一个动态的建构过程。参与者处于互动的诠释过程当中，虽然参与者都受到"传播环境"，也就是电脑网络系统的制约，但相较其他媒体，参与者拥有相对的"主动性"去塑造或再造这个传播环境。这与哈贝马斯在公共领域中提出的理想沟通模式是开放性的特征相符合。

再次，互联网背后身份的隐藏性为自由意见的表达提供了更广泛的平台与可能性。网络平台上的对话虽然与哈贝马斯公共领域概念上"面对面"谈话的理想模式不同，但却有它独特的优势。人们透过手机、电脑屏幕进行的文字、符号沟通，是在虚拟空间进行的，其身份是隐藏的。网民身上的社会化符号，如政治经济地位、肤色、年龄、国籍、种族、性别等都几乎失去了他们原本的意义。这样虚拟身份下的对话与沟通有助于消除既有的社会歧视与偏见，创造一个相对公平的发言方式。网络的即时性、互动性既保留了面对面交流的优点又提供了更平等的交流环境。为公共领域的复活带来了希望。它重新点燃了人们的政治热情，促进了人们互动关系的重新建立。网络平台中人们的讨论、协商对于培养公民学会自我表达、互相尊重，实现理性对话，有着重要的意义与价值。

（三）互联网对"去中心"性的异化

互联网复兴公共领域与民主是一个被广泛讨论与关注的话题，一方面它的确创建了一个理想的平台，为全民参与政治讨论提供了可能性。但需要注意的是，互联网只是一种技术，而技术本身是不会自动完成这种潜能的，而且技术更容易被权力与金钱控制。互联网所呈现出来的全民话语狂欢往往只是其表面的繁华，深究其实质意义，是否真的符合哈贝马斯公共领域下的去中心化，自由、开放、民主与积极的政治参与感则值得深思。互联网的去中心其实是一种异化了的去中心，其表现为以下三点。

1. 话语表达上的去中心化与话语传播上的中心化

话语表达权并不等同于话语传播权。言说的权利不等于被听到的权利。话语权在本质上不是能否说话的生理、物理问题，而是话语之间关系的社会问题。话语的传播需要有传播者和受传者，同时可能受到话语噪音的干扰。网络赋予了广大网民成为传播者的可能性。但是，需要指出的是，一方面，这种表达必须是在与其他表达的关系以及社会性的表达场域整体中，才能确立自身的话语效果与话语间性构型。另一方面，由于网络表达的便捷、信息把关的门槛降低了，所带来的信息泛滥，使得信息被倾听并取得效果更加困难。在"人人都有麦克风"的网络时代，是否具有表达权已不再成为衡量话语权的直接标杆。话语表达的权利并不等同于话语传播的权利。由于大众个人表达场域的限制以及网络黑洞下传播噪音的巨大干扰，使得话语表达并没有真正的去除中心化。

2. 信息渠道上的去中心化与信息传播上的中心化

网络的命名正如它的传播方式一般，点对点网络状交流与传播。在网络技术的前提下，每一个节点都可以与其他节点连通。人民在网上皆可通过个人电脑、手机等网络支持物发布各种信息，实现过去不曾享有的传播权。因而，传统的话语中心似乎受到了冲击，促进了平民社会的兴起。然而，这种论断忽视了其技术背后的政治力量与商业干扰。信息传播物理结构上的去中心并不等于信息传播中的去中心；互联网在物理结构上固然是去中心的分散式结构，局部节点的效果固然难以真正影响网络的信息和数据传输，但不能因此认为网络在信息传播上是去中心的。相反，这种去中心的信息渠道结构恰恰隐藏着中心节点的内在机理。例如，对历年来的重要网络事件与网络舆论回顾，可以发现，它们几乎无一例外都是经过了高点击量、覆盖面与阅读面的重点网站、主流媒体和意见领袖平台的信息集聚、中转与连接。次中心、非中心节点与言说信息虽然在理论上和技术上可以到达大多数受众终端，但如果它不经由中心节点的再呈现，在实际上则会影响微软并迅速湮灭。

3. 传统权威中心方式的转变

所谓去中心化的网络是指网络是一个开放的平台，它没有一个中央权力指挥机构，去中心化导致现实中等级制度的瓦解。互联网赋予了人民平等地传播与表达思想的权利，使社会文化呈现出多元化的发展趋势。然而，需要注意的是，网络文化及其公共领域并非不受传统的局域话语和意识形态中心地位的文化霸权力量的控制。网络表达的"草根化"虽然改变了传统媒介文化中少数权利阶层控制表达媒介的状况，但这并不意味着中心权利的消退以及民众话语的权利狂欢。

纵观近年来的网络事件可知，普通网民似乎取得了比以往更大的主动权与影响力。但是，它们所表现的，与其说是民间话语缘于网络的东风而取得对传统官方权威的挑战和颠覆能力，不如说是传统中心权威借助网络东风而对自身的调整以及对民众权更多的尊重和承认。主体媒体的积极介入而不是消声态度对这些网言网情的影响力起到了重要的推动作用。例如"我爸是李刚"事件发生后，第二天，李刚的道歉视频出现在了各大门户网站上，一个声泪俱下，哭诉忏悔的父亲形象表明了自己的错误与改正的决心。这样的广泛传播背后有着权威中心的推动与引导。另外，在微博、微信进一步影响大众的信息接收环境和日常生活的今天，各级政府机关与服务部门也逐步建立了自己的微博帐号与微信公众号。以更好地与大众交流，并第一时间发布相关信息，这样代表官方的信息来源更具权威性和说服力，并进一步抵制了网络谣言的产生与影响。

　　传统权威中心除了形式上，以内容的方式参与到政治、社会问题的讨论当中，并进一步影响着舆论的导向。另外，其影响力还隐匿在网络技术背后，在净化网络环境的同时，形成对网络环境的隐形控制与影响。大众能平等地发言并不意味着削弱权威的力量。网络中的传统权威方式并非消失而只是发生了转变与新的构型，从直接的政治权利逻辑转变到信息权利逻辑。从信息控制的"把关人"过滤模式到信息中心节点的集聚模式。不能把信息的多元性和丰富性简单地等同于其地位的平等与去中心化。各种中心节点、重点网站、意见领袖平台依然是网络中信息传播和集聚、接收的信息聚焦地，网络中的集中形式会发生变化，但是这种集中本身不会削弱。

二、网络世界的自由性与游戏性

　　纵观整个互联网的发展历史，开放是其核心理念。这种开放并不是一个空洞的政治口号，而是有技术保证的。去中心化的分布式结构使互联网天生地反对中央控制。统一的 TCP/IP 标准及 HTTP 协议的制定就是为了让所有的电脑和网络之间能够互相联系、开放，JAVA 的发明也是为了让所有的电脑操作系统与软件之间能够互相兼容，网络浏览器的发明则是为了让网络对大众开放……开放的互联网技术，让互联网背后的大众有了互相交流的可能与群聚狂欢的支撑。

20世纪苏联的文艺理论家巴赫金在《拉伯雷与中世纪和文艺复兴时代的民间文化》中提出了狂欢理论。狂欢节作为欧洲民间的重要节日，最早可溯源于古希腊酒神祭祀之后的狂欢活动。人们在酒神祭祀之后，开始了全民性的化妆游行、滑稽表演、吃喝玩乐、尽兴嬉戏。在狂欢活动中，所有人都是积极的参与者，他们甚至不是演戏，而是生活在狂欢之中。狂欢式的生活，是脱离常规的生活，在某种程度上是"翻了个的生活"，是"反面的生活"。日常生活中的那些法令、禁令和限制，在狂欢节的时候都取消了。狂欢节沉溺于颠倒，前后倒转，上下倒置，甚至于颠覆了崇高与传统，蔑视权威的渎圣的世界。例如，其最有代表性"加冕"和"脱冕"仪式。在"加冕"仪式上为小丑和奴隶穿上国王的服装，带上王冠，递给权力的象征物，使之成为"国王"；在"脱冕"仪式上，"国王"的王冠被摘掉，服装被脱掉，其他象征权力的器物被剥夺，同时还要承受人们的讥笑甚至殴打。这些仪式突出反映了狂欢节对于日常生活权威的想象性颠覆，让人们看到任何制度和秩序，权势和地位都具有令人发笑的相对性。狂欢节上的笑作为这个节日的灵魂，提示了事物的相对性，表达了一种与官方世界观相对立的民间世界观，其颠覆性是狂欢节的灵魂。笑意味着解放，意味着摆脱了一切禁令和戒律之后的自由。

当今的互联网为大众提供了一个这样的狂欢场域，这里是开放的，人们获得了传统媒体所从不曾提供过的、相对自由的、空间技术上联系的可能性；这里是非官方的，甚至是虚拟的，人们可以摆脱现实规则的束缚，利用虚拟的符号化身份进行自由的表达、交流与游戏，甚至颠覆传统，获得精神的相对自由。

康德与席勒把艺术的自由、无功利与游戏紧密联系到了一起。他们认为，游戏与劳动是相对立的。劳动是为了实用的功利目的而进行的活动，它的动力来源于人的匮乏。而游戏正好相反，它的动力来源于人的精力过剩，它只是为了自身的目的而存在，即为了游戏而游戏。康德把自由看作是艺术的精髓，在这一点上，游戏与艺术是相通的。席勒认为，游戏所表现出来的自由是人的本质特征，他说"只有人充分是人的时候，他才游戏，只有当人游戏的时候，他才完全是人"。康德把笑、诙谐、游戏和艺术看作是有相通之处的东西，他们都标志着活动的自由和生命力的畅通。这些因素也正是狂欢节所具有的。

网络的匿名性，使得大众可以打消日常生活的各种顾忌，把被现实压抑的本真释放出来，在网络上获得相对自由的自我，与游戏化的交流与释放。网民在网络上进行的各种恶搞活动便是一种对主流文化、传统文化进行的游戏化的颠覆。他们把经典的电视剧、电影的情景、人物进行了再创造，通过游戏化的结构与再建构，充满了调侃、幽默与颠覆性。例如，2005年胡戈将电影《无极》改编成20分钟的网络短片《一个馒头引发的血案》。其内容重新剪辑了电影《无极》、中国中央电视台社会与法频道栏目《中国法治报道》以及上海马戏城表演的视频资料等。将对白经过重新改编，并加上无厘头的对白，滑稽的视频片段分接，搞笑另类的广告穿插。在网络上，《一个馒头引发的血案》的下载率甚至远远高过《无极》本身，引起了巨大的反响。其游戏化的剧情与表达完全反叛了电影本身的意义指向，充满了反讽与调侃，完全颠覆了传统的审美趣味，并开创了网络恶搞的文化形式。

"狂欢节的弹冠相庆只是暂时的解放，即从占统治地位的话语与既定的秩序中脱身的解放，它标志着对所有的等级地位、一切特权、规范以及禁律的悬置。"① 尼古拉斯·尼葛庞帝曾说过数字化生存的四个特质，即分散权力、全球化、追求和谐和赋予权力。在这样的数字化时代，网民获得了数字化的狂欢与精神盛宴，其精神指向可概括为以下几方面。

---

① ［苏］巴赫金．弗朗索瓦·拉伯雷的创作与中世纪和文艺复兴时期的民间文化［M］．石家庄：河北教育出版社，1998：10．

（一）追求自由与平等

互联网的开放性与连接技术赋予了网民们自由与平等的权利。在互联网上，人们获得了发表评论的平等与自由。博客、微博、微信、QQ等连接工具，将人们在网络空间中相互连接，畅所欲言，不同的观点相互碰撞，相互沟通，相同的观点互相支持形成合力，影响舆论……在互联网上，人与人之间的门第差异、等级高低、贫富区别等个人身份意识都被淡化，取而代之的是观点的互动与影响力，网民获得了比现实生活中更广阔的交流空间与自由，实现了虚拟空间下的平等与开放。

（二）张扬自我与个性

网络作为一个自由、自治、自主的世界，为人的个性化发展提供了广阔的空间。在网络生存中，网民的一切网络活动都是以个人名义进行的，不代表任何群体。网络文化本质上鼓励个性化，它强调个体的价值，"我"是最重要的，"我"是与众不同的，独一无二的。这种与众不同主要表现在个性化的网络语言，创新性的网络文学作品以及网络动漫，在线音乐的不断翻新，在线游戏的层出不穷也是为了满足网民的个性化需求。网络文化注重张扬个性的价值观念使网民更加关注自我，重视自身心灵和精神需求，寻求自我价值的实现。

（三）崇尚开放与兼容

互联网是个开放性、全球化的世界，它消除了"这里"和"那里"的界限，它改变了人们的交流方式。在数字化生存中，只有我们愿意，我们就可以拥有天南海北的数字化邻居与朋友，与之进行信息和情感的交流。在这里，任何因循守旧、保持僵化的狭隘价值取向与行为都是同兼收并蓄的网络化生存的社会生活本质格格不入的。这种超越时空限制的强大宽容性和包容性，必然不断冲击和洗刷人们过去单一、封闭的生活环境下所形成的视野狭小的生活体验，从而构筑了现代人开放与包容的社会性格和精神气质。因此，网络开放的天性也使人的行为相应地具有了开放意识、兼容精神和世界胸怀。

（四）享受快乐与创新

尼尔·波兹曼曾在《娱乐至死》一书中断言："当下社会是一个娱乐之城，在这里，一切公众话语都日渐以娱乐的方式出现，并成为一种文化精神。我们的政治、宗教、新闻、教育和商业都心甘情愿地成为娱乐的附庸，毫无怨言，甚至无声无息，其结果是我们成了一个娱乐至死的物种。"[①] 如今，随着网络时代的到来，在自由与平等的连接基础上，网民们展示自我、开放个性，其目的都指向获得快乐——自主创新性的快乐。人们在网络中生活，总试图用更新奇的语言来表达，并不顾忌这种表达事物符合语法规范。人们进行观点交锋，并不在意这样的观点最终的指向与现实价值，而是观点展示当下的快乐。在网络上，似乎没有了禁忌与限制，网络狂欢成为这个时代特有的产物，为人们获得思想和情感上的自由提供了方式。

三、作为交流工具的互联网

聊天一般是指三两人之间的交谈。这种交谈并没有明确的方向，既不是想就某一问题达成共识，也不是交谈一方要取得某种结果，只是交谈双方或多方的随机交谈，可以是家长里短，也可以是海阔天空，但都没有实用目的，所以聊天也被称作闲谈或闲聊。聊天是一种无功利、无目的性的平等交谈，往往是言不及义的无聊对话，是人类情感宣泄的主要渠道。这种交谈是人类最原始也是最基本的活动方式。

不过需要注意的是，聊天是最被忽视的日常活动。聊天被

---

① ［美］尼尔·波兹曼著，章艳译. 娱乐至死 ［M］. 桂林：广西师范大学出版社，2004：4.

忽视的原因同它的无效性和无意义性相关联。聊天不产生任何效益，也没有严肃的意义，或者说任何有效益的交谈、有意义的话题都不被划入聊天的范围。无聊时会晤、晤面、磋商、讨论、交流、商榷、促膝交谈等都比聊天有价值。所有严肃的、有意义的交谈都不归聊天管，所以聊天的范围最广，但却没有自己的固定的、确切的领域。所以，一旦某人表示自己所谈的话无甚意义时，就自谦为"随便聊聊"，也就是说聊聊是无足轻重的，可以被忽略的。

聊天的被忽略还可以从电话传播研究的不被关注得到印证。从1945年到1982年，世界范围内电话用户的数量从4100万增加到4.94亿，而这一媒体的传播效果却被忽略了。因为电话的主要功能在传达有效信息方面表现为私密性，不易被测量与界定，另外，电话的另一重要功能是聊天，这一无效传播过程，被传播学界所忽略。在美国学者洛厄里和德弗勒于1995年出版的《大众传播学研究的里程碑》一书中，共树立了14座里程碑：分别有20世纪20年代的电影对于少年儿童影响的研究；30年代的"火星人入侵地球"广播所造成美国人恐慌的社会心理研究；40年代的政治选举中大众媒体的影响以及意见领袖作用的研究；对日间广播连续剧听众的调查研究；社会学家对杂交玉米种子推广过程的考察所反映的"创新—采纳"的传播过程研究；第二次世界大战中用电影来鼓舞盟军士气的研究；40—60年代的各种说服效果的系统的心理实验研究；50年代的对传单和标语的传播效果方面的研究；50—60年代的电视对儿童生活影响的研究；70年代的大众媒体（如报刊等）的"议程设置功能"研究；60—70年代的媒介中暴力内容与社会犯罪率的关系研究；70—80年代的电视社会化功能及其对各种社会行为影响的效果研究等等。① 这14个里程碑涉及了大众媒体的方方面面，就是对电话媒体视而不见。电话太普通了，传播方式

---

① ［美］E.M.罗杰斯著，段晓蓉译. 传播学史［M］. 上海：上海译文出版社，2001.

基本上是一对一的，难有大作为，它只是使得人们交谈方便而已，而日常的交谈和闲聊显然没有什么重要的研究价值。

电话研究不入大众传播学之主流，但是，电话的出现无疑是聊天史上的重大里程碑，自从爱迪生发明了电话，人们的聊天空间有了很大的拓展，电话使人不受空间条件的限制，跨越距离的障碍，既能隔山相聊越海而谈，也能地对空、空对地或空对空地聊天。电话的发明虽然并不是为了聊天的便利，但是有了电话，增加了人们的聊天机会，增加了聊天的频率。在聊天的时间选择上，也变得自由了许多。交谈双方不必再有意腾出一段时间来专门聊天，而是可以零碎地聊，夹缝插针地聊，不分昼夜地聊，断断续续地聊……这种自由，还会扩展到时间以外的方面，如姿势、穿戴等。

那么，人类聊天史上的第二座里程碑就是互联网了。网络为人们聊天开拓了新的天地，成为人们聊天的乐园，并为人们的聊天带来了全新的体验。

大众最初接触互联网，往往是从聊天工具开始的。QQ平台是70、80后的主要网络聊天软件，而微博留言、微信互动、QQ空间又为当代大众的聊天互动提供了全新的体验，开创了群体聊天，手动点赞互动等全新的聊天形式。

网络聊天有三个特点，一是文字输入的聊天。书面是相对于口头而言的。口语是人们日常生活中的语言，一切感官都深深卷入在口语当中，贴近现实生活。而书面语本是专属于精英群体的表达方式。它疏离超脱于现实，分离并延伸了词语的视觉功能。往往代表着读书人的幻想生活、情感生活、感觉生活，在表达时已经经历了与现实的分离。

网络作为文字输入的聊天，即是口语式的表达，又有了书面语的分离时间。所以，网络聊天的书写相当口语化，随意、跳跃、颠三倒四，句子不一定完整，逻辑也不一定严谨，一切看当时的语境而定。当然口语化又绝不是口语，说得夸张一些，由于网络聊天，创造了一种特殊的用语，它混杂了英语、数字、字母、图像标志，频繁使用同音借代，谐音，无厘头的表述方式，这在平时的书面语和口语会话中是比较罕见的。

与网络聊天这种语言表达方式相关联的是网络聊天的第二大特点，即陌生人之间的聊天。网络聊天某种意义上是为交友的聊天，电话聊天基本上发生在熟人之间，而网络聊天往往在陌生人之间风行，它是年轻的陌生人之间的最佳联络方式。年轻人热衷于网络聊天是出于交友的渴求，网络提供的无限可能性落实下来，最便利的就是聊天，网聊为他或她开辟了一个新世界，在这个世界中，人们用的是某种通行语言，先在最表层的用语层面上有某种沟通，然后才有进一步的交谈，最后成为网友。

由于网络聊天的以上两种特点，催生了网络聊天的第三大特点，即网络催生新语体。在网络聊天中，原有的语体规范限制被消解，日常口语和书面语的交替、掺杂使用，形成了新的语体。新的语体并不是要建立新的规范，它不需要聊天者服从什么准则，即便有，也是极短暂的。这种新语体的产生往往受到热播电视剧、电影、当红明星事件、网络事件等的影响，是流行文化在网络语言中的显现，成为网民的语言狂欢体。例如，中国第一部网络小说《第一次亲密接触》就开创了当时"痞子蔡"式的语体：

> "如果我有一千万，我就能买一栋房子。
> 我有一千万吗？没有。
> 所以我仍然没有房子。
> 如果我有翅膀，我就能飞。
> 我有翅膀吗？没有。
> 所以我也没办法飞。
> 如果把整个太平洋的水倒出，也浇不熄我对你爱情的火焰。
> 整个太平洋的水全部倒得出吗？不行。
> 所以我并不爱你。"

"如果我还有一天寿命，那天我要做你女友。

我还有一天的命吗？没有。

所以，很可惜。我今生仍然不是你女友。

如果我有翅膀，我要从天堂飞下来看你。

我有翅膀吗？没有。

所以，很遗憾。我从此无法再看到你。

如果把整个浴缸的水倒出，也浇不熄我对你爱情的火焰。

整个浴缸的水全部倒得出吗？可以。

所以，是的。我爱你。"

互联网作为聊天史上的第二座里程碑，起到了延伸聊天的功能。聊天是心理需要，但是，心理和精神生活并不是完全独立于物质生活和技术手段的，心理活动的复杂程度是与社会生活的各种条件相依存的，是同社会的教育、意识形态、信息获得方式互动的。当初心理学家们将心理活动同人类的其他活动区分开来，作为独立的领域来研究时，未必会注意信息获得方式，心理活动似与媒介手段无关。但麦克卢汉提出的"媒介即信息"理论将之联系了起来。他认为，各种媒介都是感觉器官的延伸，例如拼音文字是眼睛的延伸，广播是耳朵的延伸，车轮是腿脚的延伸，衣服是皮肤的延伸等，因此不同的媒介方式的产生和发展在重塑着人们的感官的比例并将新的尺度引入人类的事务之中，从而在根本上改变着人们的社会生活的结构和内容。当然依据这些，心理学专家们还可以分得更细，如视觉心理、听觉心理、味觉心理等，生理器官的不同功能肯定会对心理产生不同的影响，然而媒介方式的变化，不是仅仅依从某一感觉器官特点的，技术发展的可能性与信息获得方式的变化是由多种因素决定的，因此产生的感觉变化也是多方面的。就以车轮媒介为例，由缓慢的手推的木轮发展到飞速的钢铁轮子是由运载便利，增进效率的欲求和技术进步来推动的，结果它不仅改变了我们腿脚的速度，似乎缩短了距离和时间，也使得人们的视觉和其他的感知发生了相应的变化，有关时空的心理也随之改变。由此，可以说所谓心理活动是在一定的媒介环境中产生的。媒介理论使人们认识到不同的媒介方式的产生和发展在重塑着人们的感官的比例并将新的尺度引入人类的事务之中，从而在根本上改变着人们的社会生活的结构和内容。

网络技术的出现带来了新的媒介环境，这一媒介环境改变了当代人的许多生活内容，包括刺激了人们的聊天需求，增加了人们的聊天时间，扩大了聊天的人际圈子。这扩大的人际圈子不一定是，或者一定不是周围朝夕相处的亲人和朋友，而是相知的陌生人，这些人全都隐身在屏幕背后，既神秘又寻常。

当然聊天者关心的不是聊天工具，而是聊天过程的快感和躲在荧屏背后的那个对话人，但是要延续这样的快感和荧屏背后的神奇，就得利用和发展网络技术，否则，一切就会凝固，就会老套和乏味。正是这内在的动力，促使社会开发出更加便捷的聊天软件，于是聊天手段花样百出，语言更加丰富，表述方式更加多样化，辅助聊天的符号、图像、色彩，乃至音频和视频一齐出动，增添了无限的乐趣。网络技术的出现带来了新的媒介环境，这一媒介环境改变了当代人的许多生活内容，包括刺激了人们的聊天需求，增加了人们的聊天时间，扩大了聊天的人际圈子。

四、网络背景下人际交往的新特点

伴随着科学技术的发展，网络文化逐步渗透社会生活的各个方面，人们得以以一种新的方式来处理人与人之间的关系。网络文化通过对人际交往的基本形式、交往范式的影响，使网络文化背景下的人际交往呈现出新的特点。

（一）虚拟性：对交往主客体的影响

网络文化具有虚拟性，抽去了交往主客体的社会性特征，使人际交往的主体和客体也带有了虚拟性。网络上存在的虚拟性和身份的想象性必然带来主体的多样性，每个人都可以同时以多种身份出现，这与现实生活中人的存在不同。现实生活中，个人扮演的角色相对于特定的环境和对象而言，是较固定的。在虚拟现实里，一个人可以同时存在于不同的空间，实现了多重自我的存在。

网络交往的虚拟性，一方面扩展了个人身份的认同范围，使得网络上的个体冲破了现实的身份束缚，创造了多重身份确认的可能性，使得个体有了身份的想象性存在，并在虚拟世界中对自身的多重想象性身份获得认同。但是，另一方面，却可能导致个体的诚信缺失，甚至自我认同的危机。例如曾经的网络流行语"恐龙"，便是形容女性网友在现实世界与虚拟世界中长相的巨大差异所进行的描述。同时，正是由于网络的虚拟性，使一些别有用心的人对之进行了美好的包装，甚至利用网络世界开展了诸多欺诈行为。另外，有些问题青少年由于在现实世界中遭受挫折而无法直面，反而，沉溺在虚拟的网络世界中寻找和确认自我的价值，久而久之，使之与现实世界更加格格不入，甚至产生心理问题，出现自我认同的危机。所谓自我认同的危机是指由于主体无法进行自我身份的确认，导致了主体的自我的否定、与他人的疏离和对社会的漠视，从而严重影响了主体的身心发展和正常生活。网络文化下的交往主体从虚拟交往所获得的自我意识并不能完全移植到现实生活中，现实交往仍然依照自身的规则行事，如果交往主体在虚拟和现实之间不能及时地转换，那么必然导致自我认同的危机，使主体沉浸在虚拟社会中不能自拔，无法在现实社会中正常生活。

（二）开放与平等性：改变了人际交往的规则

首先，网络文化改变了人际交往的潜规则。人际交往中存在诸多的潜规则，它们渗透了社会关系的各个方面，网络文化的发展对于改变一些不良的潜规则具有重要作用。中国社会历来看中人情面子。中国人的人情面子观实际上就是一种情面观，是一种看重熟人关系，讲究个人感情，热衷人情往来，隐含期权回报的人际交往理念。人际交往的人情面子规则具有严重的弊端，它具有自由裁量性，能够助长社会腐败、造成不公平，同时不利于人们积极进取。网络文化下的人际交往能够克服这种弊端，由于主体的虚拟性，使交往主体不再受社会地位、经济状况的直接影响，对交往主体身份的确认相对简单和直观，人们能够在一个更加平等的平台上自由的交往，网络文化这种去中心的双向交流文化，使人际交往更具有平等性。

其次，网络文化改变了人际交往的真诚信用规则，呈现出真诚信用与虚拟虚假的矛盾。人们在进行现实交往时，总是渴望获得真诚的友谊，为了达到这一目的，人们把真诚信用作为人际交往的规则之一，真诚信用是人际交往得以延续和发展的保证。在网络文化下，人们进行交往时，同样渴望真诚的交流和心灵的沟通，同样需要真诚信用的规则以确保达到各自的目的。但是，在网络这一虚拟的空间中，一切都是虚拟化的存在，因此一定程度的不真实是具有合法根据的。人们可以在网络文化下以各种真实或虚假的角色存在，同时进行真实或虚假的交流。网络文化的不真实使人们在交往中面对着真诚信用与虚拟虚假的矛盾，这种矛盾在网络文化下并行不悖。

（三）互联网影响下的新的交往模式

网络文化创造了多样性的交往模式，大致可以分为三类：一是群体交往模式，即通过同质人群的聚合，扩大人的交往范围，交往具有了很大的扩展性，例如人人网；二是实时交往模式，即通过技术手段模拟现实中的人与人之间的面对面交往，只要交往双方同时在线就可以进行互相交往，例如网络聊天和网络游戏；三是继时交往模式，即交往双方无需同时在线，交往并非实时进行的，信息的交流存在延误，例如电子邮件和网上论坛。网络是现实的延伸，网络文化创造的新的交往模式，丰富了现实的人际交往。

五、网络现象解析——"网络红人"

网络红人就是由网民生产、主要在网络中被广泛传播，随后为传统媒体跟进关注，产生较大的社会影响的网络人士。网络红人与榜样、偶像密切相关，他们有某些共同的特征（如被关注，被喜爱，被学习和模仿），但本质上却存在差异。

首先，生产者不同。榜样是官方生产的，他们既可以是现实生活中活生生的人，也可以是被塑造的文学艺术形象。他们有鲜明的意识形态特征，往往表征了某个时代官方所鼓励的政治、经济和文化追求。如雷锋、焦裕禄等所代表的政治榜样，鲁迅等所代表的文化榜样。偶像是当代各种社会力量共同生产出来的，其中传媒发挥着重要的作用。主要代表为体育明星、歌星、影星等。他们是消费社会背景下迎合受众的消费心理被商业化地生产并通过批量复制和广泛传播制造出来的大众偶像，有比较突出的经济和文化意义。

网络红人是由网民生产出来的。如"芙蓉姐姐""天仙妹妹""凤姐""犀利哥"等，他们具有较多的文化意义。榜样、偶像、网络红人的生产体现了一种历史的变化，分别经历了政治文化驱动，商业文化驱动，草根文化驱动的历程。

其次，受众的情感态度和行为取向不同。受众对三者有不同的情感态度和行为取向。受众对榜样是敬。敬仰榜样的行为，相信榜样的力量。榜样为官方推介，受众被教育，逐渐形成对榜样的敬爱，将之视为学习和模仿的对象。受众对偶像是爱。喜欢并崇拜偶像，甚至出现盲目崇拜。受众对网络红人则是乐。一种娱乐的心态。网络红人的受众就是网民自己，他们有特殊的情感渗透在里面，不同于对榜样的崇敬和对消费偶像的喜爱，更多的是一种娱乐。网民生产网络红人并置之于被看的位置，既不是用来自我教育，也不是用来模仿，只是一种带有欣快感的娱乐化的体验和观赏。在这场草根阶层的文化盛宴中，真正主导的是平民大众。正是这种娱乐的平民化才使"芙蓉姐姐"

的 S 型身材暴露在网民的视线里,"凤姐"才可以毫无顾忌地将自己与鲁迅相比较。因为摆脱了政治的束缚和经济的控制,作为纯粹的娱乐,这些原本普通的人才受关注和受重视。

网络红人反映了普通网民的心理需求,特别是满足了青少年群体追求自我的需要。同时,网络红人消解或削弱了传统榜样和文化偶像的影响力,表明了网民对话语权的拥有和实现,作为一种文化现象,取消了先前高级文化和大众文化或商业文化间的界限,表明大众媒介的话语权力发生某种程度的转移,即大众媒介与科技文化和大众文化汇流,造成了一种新的意识形态话语,这具有鲜明的后现代主义文化的特征。通过分析一些网络红人案例,可以发现网络红人具有以下文化特征。

(一)去背景与背景重置——历史感的消失

历史感的消失是后现代主义文化的重要特征,其手段往往就是借助于背景的模糊化或者去背景化。这也正是当下网络红人生产过程中的基本编码模式。"芙蓉姐姐"最初借网络进行自我展示,利用了中国最著名的高等学府北京大学和清华大学的论坛,大学生们的力捧使其渐渐脱离原型本身的背景。她的身份、生活经历都不再重要,重要的是不断放大和突出的对自我的身体迷恋。"犀利哥"源自摄影爱好者的偶然捕捉,一旦进入网络传播,他就被去背景化了。令其迅速传播和走红的不是他的真实身份和生活背景,而是与图片相关的视觉刺激。网络上被疯狂传播的是背景越来越变幻无穷的犀利哥,大都市中乞丐的阴暗的背景渐渐被消解,移入的是 T 台、影视场景等充满时尚气息的场所。与此一道被消解和替换的还有人物身份。"犀利哥"蒙上了电影明星的光环,除了显目的着装和独特的眼神外,其他真实的东西都被隐去,"犀利哥"转身成为与其他明星偶像一起闪耀在荧幕和舞台上的偶像。尽管是虚拟的符号化的偶像,但这才是真正被喜欢的网络红人——犀利哥。当网络红人被从真实的历史生活场景中剥离出来之时,不仅其本身变成了一个没有历史内涵的空洞的符号，历史本身在这里也变得不清晰，甚至看不见了。

（二）碎片化的原型与变型——平面化、肤浅化

网络红人的生产经历了由原型到变型的编码过程。无论是原型的呈现还是变型的过程，都表现出无深度的平面化，使之最终成为与有深刻政治内涵的传统榜样和经济内涵的大众传媒偶像不同的肤浅的网络红人。

尽管传统的榜样和偶像生产过程中，也会突出某些方面，但整体性仍然是受众所期待的。网络红人则不同，受众和生产者都只是关注某一点，或者某些零散的方面。如芙蓉姐姐的 S 型，"犀利哥"的混搭服饰。"芙蓉姐姐"在网络上传播的照片和抒情文字可以说是碎片化的视觉文本，以视觉的刺激吸引注意力，而不是以完整的形象吸引人。"犀利哥"亦是如此，网民在传播过程中专注于根据原型的着装和表情来变型，破旧的牛仔裤、醒目的腰带、皮夹克和大衣的组合、冷漠的眼神，这些纯粹视觉化的碎片吸引了网民的注意力。对原型的种种变型仍借用这些碎片化的东西，与大家熟知的影星、电影等随意嫁接，产生奇特的效果。一种由网民自己生产出来的虚假的效果，从某种意义上说是一种自实现预言，即网民们在发掘出"犀利哥"的视觉化特征后，将它和熟悉的影星及背景融合，从而生产出更加熟悉和喜爱的形象和场景。于是，变型更加以碎片化的方式和印象存在。

值得注意的是，这里技术发挥了重要作用。"犀利哥"的变型大量运用了 PS 手法。以计算机进行图文处理的方法，实际上它正是网络红人生产的技术特征，并逐渐演变成一种文化上的特征。操作日益简单化的电脑技术使网民成为草根文化的生产者、传播者，同时也导致了网络红人的另一个后现代主义特征，即主体性的消失。

（三）众人狂欢的集体生产——主体之死

正是有网民的推波助澜，网络红人才得以产生。换句话说，网络红人的生产者不是某个个体——既不是原型（如芙蓉姐姐本人），也不是所谓的网络推手（他或许起到了推动作用），而是众多的网民。即便是"芙蓉姐姐"这样的自觉传播者，她本人作为生产者的身份也渐渐消失在众人的编码和传播中。事实上，网络红人的生产过程中，无法判断谁是真正的传者，亦无法找到真正的编码者个体，于是，你、我、他，共同组成一个虚拟的网络集体生产者，狂欢式地参与到网络红人的生产中，传统的具有明确个体性的传播主体不见了，芸芸网民取而代之。传统传播主体的消解与变更，正是传统媒体与网络的一个根本区别。

网络主体较之于传统传播主体由真实走向虚拟，由确定走向不稳定，由单一走向多重，由集中走向分散。后现代社会所培养的身份形式与现代社会的身份形式存在差异甚至对立。网络后现代性的交往实践所构建的是不稳定的、多重的和分散的主体。网络红人生产中，个体化生产主体的消失正是后现代网络传播主体特征的体现。

第四章　视觉奇观下的当代文化表征

第一节　视觉文化概述

在符号信息成为人类接收外来信息的重要来源的今天，除了自然环境、社会环境外，信息环境越来越多的占据着人们的认知空间和日常时间。从人类符号传播媒介的发展看，在数量和质量上对人类影响重大的媒介大体经历了从报纸、广播到电影、电视再到互联网技术影响下的各种新兴媒介这一发展脉络。人类生存的符号化环境已逐渐从印刷文字时代过渡到了视觉化的图像时代，正如海德格尔所预言的"世界图像的时代"。他说："从本质上看来，世界图像并非意指一幅关于世界的图像，而是指世界被把握为图像了。"① 视觉化的图像已越来越多的渗入人们的日常活动当中，并进一步影响着人们对周围世界的认知，甚至影响着人们的思维方式、行为方式和意识形态。"视觉文化是指文化脱离了以语言为中心的理性主义形态，日益转向以形象为中心，特别是以影像为中心的感性主义形态。视觉文化，不但标志着一种文化形态的转变和形成，而且意味着人类思维范式的一种转换。"② 对于视觉文化的研究并不仅是对视觉化图像的研究，而且涉及视觉化图像中所蕴含的复杂的人与人、人与社会之间的关系，以及这种关系背后的意识形态导向。

---

① ［德］海德格尔著，孙周兴译．世界图像的时代［A］．林中路（修订本）［M］．上海：上海译文出版社，2004：91.

② 周宪．文化研究［M］．天津：天津社会科学院出版社，2002：72.

那么何谓视觉文化？周宪在《反思视觉文化》一文中，对视觉文化做了比较详细的分析和概括。他从美学层面、历史层面、社会学层面三个方面对视觉文化进行了剖析。

一、美学层面下的"视觉文化"

在美学层面，强调视觉文化与阅读文化的关系，即"图像—语言"的二元结构中来理解视觉文化，认为视觉文化是独立于话语文化的一个领域。

例如，匈牙利电影理论家贝拉·巴拉兹较早提出了"视觉文化"概念。他在《电影美学》中指出："自印刷术发明以来，可见的思想就这样变成了可理解的思想，视觉的文化变成了概念的文化。但是，电影这种新的发明重新使人关注视觉性，使人类文化重新回到了视觉文化……"① 在这里，视觉文化是与阅读文化相对的一种文化形式，强调了图像与印刷文字的区别。印刷文字是以概念性、理解性、象征性的内容诉诸人们的认知、想象和思考，虽然也能给人以画面感，但较之图像所具有的直观展示性、动态表现性，则逊色很多。

当今时代是一个"图像"盛行的时代，人们越来越倚重于通过图像来理解和解释世界。可以说，"当代文化是视觉性占据主因地位的文化，图像的生产、传播和接受更加普遍化，更具显赫地位"②。具体而言，"图像"相比文字又具有以下传播优势：首先，图像是极易注意和记忆的信息载体。图像是最具吸引力的语言，对视觉具有调节、充实和刺激作用。图像的造型、色彩、构图，镜头的运动变化以及景别的合理运用等特征，给人以视觉感染力，让人易于识别和记忆。其次，图像是最准确的信息投射形式。再次，图像是最具感染力和精神渗透力的传

① ［匈］贝拉·巴拉兹著，何力译．电影美学［M］．北京：中国电影出版社，1978：28.

② 周宪．视觉文化的转向［J］．学术研究，2004（2）.

播形式。最后，图像是承载巨大信息量的最佳形式。在输入信息的速度上，一幅画面的内容或许很复杂，但观众一般用3～5秒钟就能看清并理解其内容，而用文字则至少需要150～200字，用3分钟左右的时间才能了解其全部内容。可见，相较文字而言，图像在信息传播过程中呈现出准确、感染力强、承载信息量大的优势。

二、历史层面下的"视觉文化"

关于视觉文化的第二种看法是历史层面，侧重于历史的建构，把视觉文化视为一种当代现象，与后现代文化、消费文化和媒介文化等当代特殊的发展趋势关联起来。认为其是后现代文化，就是后现代文化中的日常生活。

法国理论家居伊·德波提出了"奇观社会"。他指出，当代社会的商品的生产、流通和消费已经呈现为对奇观的生产、流通和消费。"当资本积累到成为一个形象的程度时，奇观就是资本"，它"呈现给视觉世界既在这里又不在这里"，"是一个主宰着一切生命体验的商品的世界"①。可见，奇观已不再是现代社会的一种客观现象，它已经成为一个世界，成为我们当代世界的构成方式。我们所消费的产品不再是产品本身，而是符号化的产品，它只有被广告所描绘，被媒体所推崇，成为一种时尚，为人们所理解，才能成为消费品。例如当我们想到可口可乐，呈现在消费者脑海里的是它的大红色包装，流线型瓶身，代言该品牌广告的当红影视体明星，以及广告中所呈现出的在炙热的阳光下，饮用冰可乐时畅快的感觉。而绝不仅仅是水加二氧化碳等配方所实际构成的可口可乐。

在这里，德波认为，奇观是社会发展的产物，是相较于传统社会而言，当代社会所呈现出的奇观的生产、流通与消费，

---

① 吴琼．视觉文化的奇观：视觉文化总论［M］．北京：中国人民大学出版社，2005：70、71．

其背后掩藏着权力关系。德波指出："奇观不是形象的集合。毋宁说，它是以形象为中介的人之间的一种社会关系。"① 而这种关系实际上是奇观作为一种商品或资本对于人的压制与专制。德波指出："借助于奇观，那统治秩序以其不间歇的自夸式独白无休止地言说着自己。奇观是权力客观性的拜物教表象掩盖着那人与人以及阶级之间的关系的真正特征。"② 也就是说，奇观以其令人目眩的形象给人以极大的压力，迫使人们去接受它，并在接受奇观的过程中，接受奇观所附带的资本主义意识形态。这就是德波所说的奇观的社会功能，即"异化生产"。当代社会商品以其显著的可视性入侵到社会生活的各个层面。在当代社会，与其说在消费产品，不如说在消费景象价值。商品的使用价值逐渐被具外观的符号价值和景观价值所取代。这也就不准解释电影市场上所出现的一次次奇观盛宴了。例如 1997 年上映后大获成功的电影《泰坦尼克号》，在时隔十五年后，在内容完全不变的情况下，3D 版的《泰坦尼克号》全球重映，其中国票房 9.87 亿元，北美票房 5700 万美元，全球票房 3.44 亿美元，总票房已达到 21.87 亿美元。可见，电影于今日观众而言已不仅仅是猎奇与感受故事，感受视觉盛宴成为促使观众一次次进入影院的重要理由。

三、社会学层面下的"视觉文化"

关于视觉文化的第三种看法是社会学层面，着重于视觉文化的符号学和社会体制层面，着力于符号表意实践，偏重于对制度、意义生产和理解及其意识形态的社会学分析。

奇观作为一种视觉经验并不是在现代社会才出现的，在未

---

① 吴琼. 视觉文化的奇观：视觉文化总论［M］. 北京：中国人民大学出版社，2005：59.
② 吴琼. 视觉文化的奇观：视觉文化总论［M］. 北京：中国人民大学出版社，2005：66.

有影像技术之前，人类也时常会制造出具有视觉冲击力的奇观景象。例如古埃及的金字塔、古希腊的神庙，古罗马的剧院和角斗场，古代中国的皇宫、皇陵和兵马俑等。这些古代奇观显示，自古以来奇观就被制造出来产生视觉美学经验的震撼性，并借此展示权力的合法性、神秘性和威慑力，奇观制造从来都不是单纯的视觉艺术活动，它与权力、金钱、技术资本、宗教信仰之间存在密切的联系。在古代社会中，建筑和仪式的奇观被运用于彰显皇权或宗教权威的合法性、神圣性。不过，由于技术上的限制，这些奇观被局限在一时一地，其传播效果和影响力都是很有限的。

如果说历史上的视觉奇观在彰显权力的合法性的话，那么当代社会的视觉奇观则通过仿像的形式渗透人们的日常生活当中，为消费构造新的意义与价值。鲍德里亚在《仿像与拟真》中指出了符号或者图像从真实到仿像的四个阶段：（1）它是对某种基本真实的反映。（2）它掩盖和篡改某种基本真实。（3）它掩盖某种基本真实的缺场。（4）它与任何真实都没有关系，它纯粹是自身的仿像。

在第一个阶段，图像或语言都被看作是真实的再现，也就是说，图像或语言与现实是相符的。在第二个阶段，图像或符号隐藏或歪曲现实的本质，类似于马克思主义的"虚假意识"观。这种情形在第三个阶段得到发展，在这里，所掩盖的不是什么真实的东西，真实从根本上就是缺席的，这在第四个阶段达到极端。符号根本不承载与真实的任何关系，也就是说，符号或图像已完全脱离了真实的现实。这就是鲍德里亚所说的仿像阶段。例如，风靡全球的迪士尼乐园，里面有着各种迪士尼出品动画片中的玩偶人物。他们与游客们合影、游戏，为游客提供各种服务。在这里，人们与米老鼠合影，大家关注的是动画片中名字叫做"米奇"的米老鼠，而不是玩偶背后的真实人，更不是米老鼠的原型老鼠。仿像从根本上瓦解了与现实事物的任何对照，除了它自身之外，在现实中都不具有任何的指涉对象或可依据的基础。在这里，符号或图像已完全脱离了真实的现实。真实是人为地生产出来的"真实"，它不是变得不真实和荒诞，而是比真实更真实。让人们无法分辨真实与虚假，只有接受——被迫而又似乎是自愿的接受，就是我们的消费，如符号化消费、炫耀性消费。

四、视觉文化的定义

通过以上分析，我们可以发现，视觉文化所研究的并不是或不仅仅是视觉所及的客观对象或图像，而是人们看或被看的行为，或曰"视觉性"。这是一种看与被看的关系，看的行为的可能性，而不是被看的对象的物质性。正如巴尔所说的："视觉文化研究不仅是要描述具体的产品和它们的起源，正如艺术史所做的那样，也不是要描述整个的文化，正如人类学所做的那样，而是要批判性地分析视觉文化的交合点和连接点，动摇其本质化的顽见。"① 巴尔指出："视觉性不是对传统对象的性质的定义，而是看的实践在构成对象领域的任何对象中的投入；对象的历史性，对象的社会基础，对象对于其联觉分析的开放性。视觉性是展示看的行为的可能性，而不是被看的对象的物质性。"②

也就是说，在看的对象的过程中，渗透着复杂的关系——权力关系，由此使得看变得并不纯粹。伯格指出"我们只看见我们注视的东西，注视是一种选择行为。注视的结果是，将我们看见的事物纳入我们能及——虽然未必是伸手可及——的范围内"③。看什么和看到什么以及怎么看并不是一种自然行为，

---

① ［荷兰］米克·巴尔著，吴琼编译. 视觉本质主义与视觉文化的对象［A］. 视觉文化的奇观：视觉文化总论［M］. 北京：中国人民大学出版社，2005：155.

② 吴琼编译. 视觉文化奇观：视觉文化总论［M］. 北京：中国人民大学出版社，2005：136、137.

③ ［英］约翰·伯格著，戴行钺译. 观看之道［M］. 桂林：广西师范大学出版社，2005：2.

而是包含复杂内容的社会文化行为，并不存在纯然透明的、天真的和无选择的看。视觉文化的研究要确立一种批判的视觉，进而重新审视人们观看的方式和表征的历史。这正是视觉文化研究的价值与任务所在。综上所述，我们可对视觉文化的定义做以下界定：

视觉文化是一种视觉因素或者说形象（或影像）占据了我们文化主导地位的大众文化现象。视觉文化既包括视觉所及的图像，也包括视觉中看与被看的关系，而正是这种关系，体现了人与人、人与社会之间的复杂关系。视觉文化是大众文化的一个突出现象，不同于自古有之的通常意义上的视觉艺术。

第二节　视觉政治下的广告性别形象

一、看的方式中的视觉政治

伯纳德·沙拉特曾详细区分了当代文化中存在的四种观看模式，分别是瞥视、凝视、扫视和瞟。

沙拉特指出瞥视"是圣神之物、权力、性的可见性的难以捉摸的、不完整的——即使并不必然是飘忽不定的——特征"。瞥视提供给我们一种片面的观点，也许是一种潜在的强有力的表征，或者是我们渴望的东西。它也许是一种权力的特征；某种被隐藏的、因而被神秘化与具有威胁性的东西。

凝视是一种延长了的观看形式。它由三种"结构体"组成。一是表征，指可通过某种事物的关键的或有代表性的形式来再现该事物；二是复制，指某物可以被完全再造，而给出完整的面貌；三是器官，它描述的是一个观看者观看、凝视一个真实对象时的感受方式。由此，凝视通过表征、复制和器官而获得对所凝视对象的深刻印象。

扫视与现代社会的权利运作相关。由此可用监视、监督、看管和视察等术语概括。

瞟指的是一种瞬间的或迅速的观看形式，其中有一种"迅捷的记录"和一种瞥视与凝视的推迟，一种永久的延迟。

通过这些范畴，我们可以在对视觉文化形式的实际分析中，鉴别那些不同的观看类型。在前现代社会，可能存在一种瞥视的统治，因为那时的权利是通过神秘之物，通过把权力本身的各个方面隐藏起来而实施的。瞥视被用以威吓与哄骗国民。现代权力关系是靠扫视所描述的那种对国民的监视和监督形式来维持的。而视觉文化的特征也体现在凝视方式的发展上，比如照相术和电影的发展。瞟意味着一种生活节奏加快，就像影像在我们面前迅速闪动一样，这是所谓现代后期现代性或后现代性特征的一部分。

二、当代广告中的性别形象

性别是伴随有性生殖的出现，在生物界同种个体之间普遍出现的一种形态和生理上的差异现象。性别间的差异随进化过程中有性生殖的演进而增高。低等生物（如细菌和原生动物）性别区分的程度低，仅表现为不同的交配型，高等生物（如脊椎动物、种子植物）不同性别（雌性和雄性）的个体，在形态、生理和行为上均有极为明显的差异。性别的通用符号：雄性以战神的盾与矛"♂"表示；雌性以爱神的镜子"♀"表示。

人的性别根据视角不同，可以在 6 个不同层次中进行划分，它们分别是：基因性别、染色体性别、性腺性别、生殖器性别、心理性别和社会性别，我们这里讨论的正是社会性别。

性别的形成并不是自然形成的，而是被社会所界定与建构的。在社会生活中存在着对性别的刻板印象，即个体在成长、发展及社会化的过程中逐渐学习到粗浅、简化或过度类化的性别概念，而这粗浅、简化或过度类型化的概念即使与事实不符，也仍为人所接受，虽会随着时代潮流、文化变迁而改变，但仍为同一社会成员所接受且固定不易改变。这样的刻板印象在广告中的女性形象尤为突出。

在社会中，女性有着双重凝视，一是内在与自身的观察者，即自我对自我的观察和凝视；二是被观察者，就是男性对她的观察与凝视。而这内在的凝视实际上也是为了吸引那些外在的男性的凝视，以给男性好的印象。在现实生活中，男性观察女性，女性注意自己被别人观察。理想的观察者通常是男性，而女人的形象则往往是用来讨好男人的。

通过收集大量广告案例发现，广告中女性形象的类型通常是：典型职业女性、不明社会身份的女性、纯妻子型、妻子兼母亲型、纯母亲型。她们在广告中的形象类别可总结为：美的角色、贤妻良母、性工具或商品。

相反，大量广告中的男性形象通常为：成功人士——男性的社会形象，英雄本色——男性的性格形象，享受生活——男性的家庭形象。在广告中的男性话语模式，其广告背景选择往往是硬朗、强劲、富有动感和张力的景色。男性形象的活动场景、行为与表情的选择上往往是悬崖、峭壁、铁锤、锁链、豆大的汗珠、坚毅的脸……与男性匹配的象征物：狼、鹰、虎、豹。事实上，广告中的形象不是现实的真实表征，它的作用与价值是作为拟像、类像去引发与满足人们的幻觉。通过类像在商品与人类无意识欲望之间建立虚幻的联系是广告成功地欺骗观众的根本原因。

广告中男性与女性形象的差别，在根本上是由广告的商业化本质所决定的。广告借用、借光人们理想的男性与女性形象用于其商业化的目的。而广告中对男性与女性形象的刻板印象使用，来源于广告对于真实世界中男女角色的模拟和强化。受到传统文化负累，现实人们的期待以及大众共同的价值观，广告从传承已久的性别描绘和仪式中吸取大量素材，把我们习以为常的东西更加习惯化，把我们已有的风格更加程式化，从而仪式化的展示我们生活中的性别定位。其中，广告中女性形象的异化，更源于大众女性的集体无意识。

三、广告中美丽女性的符号价值与消费意义

关于美丽的女性，自古便是文人、学者讨论的话题。柏拉图在《大希庇阿斯》篇中对美的真谛进行探寻，文中提到"一位漂亮的小姐"，通过与"一匹母马是美的""一个美的竖琴""一个美的汤罐"进行比较，最终认为美是难得。而中国文人，自屈原以来，借"美人"之酒杯，浇自己之块垒。至此，"'美人'形象不时穿梭于宫苑诗、闺怨诗、弃妇诗、宋词等文本类型中，逐渐沉淀为一种诗学传统。这些作家借美人自喻，一则表述自身的美好修养，另则表达自己期待建功立业、抓住美好韶华、有所作为的侍君理想与包袱。"①

在当代社会，美丽的女性是广告一直以来青睐的对象。在广告当中，女性的形象大多年轻、漂亮、时尚、动人，即使由于商品需要，广告中出现了中老年女性角色，其形象或端庄或活泼，但一定是美丽的。很显然，古代文人笔下的"美人"情节与当代广告中的美女形象大相径庭。美人从古代文人政治理想的寄托物演变成当代企业塑造商品形象的符号元素与价值承载体。甚至，美丽本身也衍变成为商品本身，被广大受众消费着，享用着。广告中出现的大量美丽女性形象，是作为烘托商品的符号元素，其本身暗含着商品的审美价值和消费意义。即将美丽的女性形象作为一种符号式的展现，凸显其美丽形象背景下的文化意义，并将该符号价值转嫁到商品身上。让消费者认同该广告中美女形象的同时，认同美女形象背景下的商品价值与商品意涵，从而通过不断的消费确认这种认同。

---

① 李勇．从古典"美人"到当代"美女"——称谓、认同与文化走向［J］．河南大学学报，2013（1）．

（一）通过塑造丰富、多变的美丽形象，制造虚假需求

对于美丽形式的定义，其难度几乎与苏格拉底对美真谛的探寻一样，极为艰难，且没有定论。在当代社会，女性的美是多变的、躁动的，广告中的美丽女性是作为物化了的文化符号出现在广告的叙事当中。玛丽莲·麦克凯迪曾评论说："MTV中最普遍的主题就是着装极少的女性被男性所拍摄，她们的身体被摄影机所分割，说明女性可作为物品被注视。"[①] 被物化了的作为商品的女性形象，通过多变的符号形式，带动消费社会的不断再生产与再消费。

女性形象的多变性，突出表现为女性对美丽形象横向的细节化与形式的多元化。在横向细节化方面，从头发、眼睛、鼻子一直到脚趾头，美丽的女性关注生命表象的每一寸立体展现。而每一部分都会有相对应的商品与女性模特在广告中的全方位的生动展现，甚至产生戏剧般的情节效应。例如，在罗志祥、曾恺玹拍摄的飘柔真爱之旅系列广告中，两个人围绕女主人公的秀发展开了童话般的爱情之旅。从"柔顺，一触心动"中，罗志祥追跑公交车上曾恺玹，只为还她的发夹并能结识令他心动的拥有美丽秀发的曾恺玹。在咖啡店偶遇，服务员曾恺玹通过飘柔免洗润发乳，在给罗志祥送咖啡的时候，她的秀发让罗志祥"一触难忘"，并留下记录美好瞬间的她的素描画。在海边罗志祥轻抚曾恺玹秀发感叹如海上的日出般"真的很美"。在滑雪场，罗志祥着急寻找曾恺玹时，通过对其他女性枯燥损头发的不断否定，最终找到了拥有理想发质的她，广告语惊叹"找到你，只因冬天秀发依然垂顺"，瞬间，两人爱情进一步升华。婚礼上，在众人游戏中，蒙着眼睛的罗志祥通过曾恺玹独一无二的美丽秀发，在众多美女中脱颖而出，寻找到自己的唯一伴侣。广告语感叹"那么柔顺，一触，就知道是她，只因飘柔……"从

---

① 章东轶，王铁波．美女文化与电视中的女性形象建构［J］．杭州师范学院学报，2003（2）.

此，两人的爱情因为飘柔护理下的女性秀发，划上了圆满的句号。

可见，在广告的叙事语言中，女性的每一寸肌肤，每一个身体部位，都不只是身体本身的功能性存在，而是充满童话色彩和美丽气质的核心诉求物。在广告人的精心安排下，这些细化了的、被突出的女性各部位，都可以被打造的生动且颇具魅力，甚至可以成为一部爱情故事的主角，吸引着广告中优秀男性的追逐，从而吸引广大消费者的注意力，使其心动，产生购买的欲望。

在形式的多元化方面，以女性的头发为例，包括卷发、直发、各色的头发，以及各种卷曲度的头发，通过洗护发产品、理发店等相关服务行业和产品的广告中被充分的渲染和表述。描绘各种发型的名词应运而生，"梨花烫""短发梨花头""波浪卷发烫发""蛋卷头""蓬松的短卷发""动感的荷叶头"等发式不断的翻新与重现，并在时尚广告中的不断呈现，导致爱美的女性常常表露出对多变发型的需求与需要，深恐一不小心落在时尚的后面，变得不那么美丽。

由于美丽的捉摸不定，广大女性往往跟随广告的引领，通过不断的消费，将自己从头发到脚趾，进行全副武装，以期达到广告中所表现出的理想状态，并不断更新。女性对美丽的不断追逐与循环往复的变化，其背后正如马尔库塞所说的虚假需求一般，"按照广告来放松和娱乐、行动和消费、爱或恨别人所爱所恨的东西……都是虚假的需要。"①

这种需要，事实上是生产的产物，事先通过广告和营销积极地创造出需要，需要依赖于生产。② 在物质丰富的当代，大众的基本生活需求已基本满足。按照马斯洛的需求理论，在以物质为基础的生活必需品得到满足的基础上，人应该追求"自我

---

① ［美］赫伯特·马尔库塞著，张峰、吕世平译.单向度的人［M］.重庆：重庆出版社，1988：6.

② 罗刚，王中沈.消费文化读本［M］.北京：中国社会科学出版社，2003：14.

实现"引领下的精神追求与精神价值。然而，大众对物质的需求与消费，恰似多米诺纸牌一般，环环相扣，层层递进。在以身体、欲望、快感为核心的娱乐世界里，广告通过打造那些性感苗条、美艳动人的明星，带动了一个刺激人们不断消费与再生产的"美丽工业"。女性的衣柜里永远缺少一件恰当的衣服，当季合适的鞋子，时髦的背包……美丽从生产领域中的一项重要的文化符号依附体，拓展成为一项综合性的产业链。在广告的引领下，人们沉醉在物欲横流的匮乏与消费当中，循环往复，无法自拔。

（二）借助美丽女性的符号化意义，塑造商品的品牌形象，产生"拜物教"式的消费场景

广告并非单纯诉求其商品的实际使用价值，而是通过美女、帅哥、名车、豪宅等符号系统的包裹，构造与商品相关的"物的体系"，并通过这些价值符号，为物建立其相关的价值世界。"毋庸置疑，物品往往构成了一种认同体系，但它连接于尤其是附属于其他的体系（诸如手势、仪式、典礼、语言、诞生仪式、道德价值符码等等）。"① 在以美丽女性为主角的广告中，商品作为其中的实际物品，而美丽女性形象与其他相关要素建构了该商品物的关联体系。

例如闻名遐迩的香奈尔 5 号香水。自 1921 年推出至今，已有近百年的历史，弥漫在该香水身上的光环，可谓数不胜数。作为商品本身，在技艺、成分乃至包装方面，它是世界上第一瓶以乙醛调味的香水，使用方正、几何线条形状的瓶身，并使用了八十多种花材制作的香水。由于其产生初期并不对外售卖，仅陈列店内，供熟客闻香，增加了该香水的神秘感和稀缺价值，以此创造出口碑效应。作为物的香水，香奈尔 5 号已然是香水界的佼佼者和先驱，但是，这并不是该香水的全部和真正的市

---

① 季桂保. 博德里亚的"消费社会"批判理论述评 [J]. 国外社会科学, 1999 (2).

场价值。广告赋予了它更加丰富的符号价值和文化意义。正如它的拥有者及第一位女性代言人香奈尔所言"这就是我要的，一种截然不同于以往的香水，一种女人的香水。一种气味香浓，令人难忘的女人。"可见，在香奈尔5号香水的广告营销过程中的定位中，所代表的决不仅仅是一瓶香水，而是一个女人，一种类似于它的代言人一般美丽、性感富有吸引力的成功女性。例如，在由妮可·基德曼代言的香奈尔5号香水广告"失踪篇"中，游走于繁华都市与浪漫爱情之间的妮可·基德曼，时而在平静如仙境般的楼宇之上躲避世人追逐，和爱人共享爱情盛宴，像个纯真的舞者般舞蹈、亲吻、狂欢；时而回归聚光灯下，在红地毯上，被媒体追逐、热捧。而与她共渡美好时光的男主人公，娓娓述说着对她的怀念"她的吻，她的微笑，她的香水。"在这则广告中，戏剧化的展现了妮可·基德曼的美丽、高贵、本真与浪漫，而作为真正主角的香奈尔5号香水并未以产品实物的形式出现在影像画面中。而是将香奈尔品牌的LOGO作为繁华大都市的背景一角，时而映入画面中，并配合广告剧情的发展，时隐时现。最终，在男主人公的内心独白中，看到了妮可·基德曼裸露的背上逐渐清晰的镶嵌5号标志的钻石项链。显然，该广告将香奈尔5号香水与妮可·基德曼巧妙的融合在一起。将妮可·基德曼的女性形象与香奈尔5号香水放在同一语言系统当中，并悄然实现了价值转化。妮可·基德曼的美丽、高贵、本真与浪漫，都通过背景嵌入与男性追忆，最终转嫁到了香奈尔5号香水身上，并让男主人公难以忘怀，也让观看该广告的广告消费者记忆深刻，并久久回味。

在广告的叙述语言中，通过赋予作为物的香奈尔5号香水以女明星的气质与形象感，从而引导消费者花费不菲的价格购买该品牌香水。可见，消费者购买香水，并不仅是购买香水的功能性赋予的味道本身，而是为了拥有广告中所展现出的美丽、气质、高贵、性感等女性特质。正如博德里亚所说："如果说，我们把产品当作产品来消费，那么，我们则通过广告来消费其意义——广告业真正的所指是在一夜之间以其全部的纯粹性而出现。广告——促成了大众社会，它借助一种任意的、系统的符号来诱使人们的认同，刺激人们的意识，并在此过程中把自身重新构造为一个集合体。大众社会和消费社会不断从广告中获得其合法性。"①

可见广告中美女的意义并不是美女本身，而是一种意义转嫁，转嫁的结果是消费者欲望的诞生与不断呈现。"意向系统把欲望当作自己的目标，其构成的超绝之处在于，它的实体基本上都是概念性的：激起欲望的是名而不是物，卖的不是梦想而是意义。"② 如 1998 中兴百货秋装上市广告《服装就是一种高明的政治，政治就是一种高明的服装》："衣服是性别。衣服是空间。衣服是阶层。衣服是权力。衣服是表演。衣服是手段。衣服是展现。衣服就是一种高明的政治，政治就是一种高明的服装。"可见，在广告文化中，品牌服装中所包含的绝不仅仅是衣服的使用价值，性别、权力、表演、手段、展现、政治无不体现着都市人的欲望与需求。人们在欲望的驱使下，通过消费欲望的承载物——衣服，体验着一次次的匮乏与满足，并循环往复。

（三）通过美丽形象的展示，造就视觉化的广告奇观，以带动消费

随着大众媒体的日益发展，人们"亲历"的世界，逐渐变成了从各种媒体中"看到"的世界。大众通过大众媒体所呈现的各种形象，感知、接触、体验着社会的客观存在，导致当代文化的形象化呈现。在消费主义社会里，形象的意义旨在塑造、推动其所代表的品牌发展，而不再是反映社会现实，推动科技

---

① 季桂保.博德里亚的"消费社会"批判理论述评［J］.国外社会科学，1999（2）.

② ［法］罗兰·巴特著，熬军译.流行体系——符号学与服饰符码［M］.上海：上海人民出版社，2000：前言.

发展，促进人文精神的升华等意义指向。人们生活中的各种活动，从穿衣、吃饭到开车、运动，被各种品牌产品包围着，其核心价值在于形象化的展现广告中的商品意涵，展现商品包裹下的生活表象，而不是其生活本身。

广告中的美女形象，作为塑造商品品牌的重要元素，构筑了广告世界的视觉奇观。在广告中，但凡有女性形象出现，大多都是美丽的。其区别仅是不同类型，不断变化的美丽呈现，有可爱的、性感的、端庄的、贤惠的、干练的……其中的女性形象都是经过化妆技术、计算机修片及摄影技术的整理，显得无懈可击。女性的美丽表征，不再根植于自然发展规律及女性的社会生活本身，而是在商业利益的推动下，借助科技的进步力量，一次次的以童话般的，超越年龄和自然风化效果后生动的视觉化显现。这样的美丽景象，带给广大爱美女性一种视觉奇观，并造就了一种通往美丽的幻象。"今年20，明年18"这句广告语不仅是对美丽的美好寄托，而且是女性通过不断消费，去努力实现的事业。正如雅诗兰黛的广告语表述的那样"如果你16年前已经用上了ANR系列，那么16年后的今天，你的皮肤依然和16年前一样细腻娇嫩"，"25年无限探索DNA奥秘""全新修护神话，见证双眸年轻奇迹"……"神话""奥秘""奇迹""科技""创新"等广告语将各种化妆品牌、护肤品、美容院、整容机构等美丽企业包装成美丽的科学家与探索家。他们与女性们一起，努力的和岁月做斗争，对抗老化、松弛、皱纹、缺水、斑点等岁月问题。在科学探索与童话呈现的双重围攻下，女性一次次体验着美丽的视觉奇观，不断被美丽产品所吸引，动心，最终通过一次次的消费，将童话般的美丽推向现实生活。自然规律、现实境况在美丽的奇观社会中已无足轻重，重要的是不断的诉求，不断的消费，不断的改变，广大女性和广告商、广告产品的生产者一起坚信，只要通过各种美丽商品的包裹，便能实现与广告模特相仿的美丽效果、美丽神话。

在广告缔造的视觉奇观、美丽童话背后，是生产、消费这样的经济行为。美丽类产品不遗余力的大量投放广告，仅 2014 年 1 月，化妆护肤品品牌网络广告总投放费用达 1 亿元。其中，玉兰油投放费用达 1055 万元，位居第一；巴黎欧莱雅投放费用达 921 万元，位居第二；迪奥投放费用达 821 万元，位居第三。如此高昂的广告支出带来的是产品的高价格以及美丽行业的消费热潮。《2013 中国知女美妆消费大调查白皮书》指出，我国化妆品总体消费水平已超越日本，成为世界上仅次于美国的化妆品第二消费大国。截至 2013 年 10 月份，全国有正式注册的化妆品生产企业 3400 余家。同时，我国的化妆品已经融入全球市场，中国制造的化妆品已出口到 150 多个国家和地区。我国的美丽生产与美丽消费事业发展迅速，与国际接轨。

可见，在广告商和广告商品的生产商为消费者所缔造的美丽的视觉世界中，美丽不是目的，消费才是其根本的推动力。美丽是实现其品牌传播、产品销售、资本积累的通行证或借助点。围绕美丽，不断的创新产品，更新广告创意，重复和再现美丽诉求，成为当代广告的一道视觉奇观。不由让人深思，女性美丽的真谛，美丽的价值。难道美丽真如广告所言，就是突破时间的发展规律，成就不老的神话？抑或如某个广告明星般，皮肤白、眼睛大、下巴尖、鼻梁挺等技术处理下的美丽模式。这样的美丽不是美丽本身，还是消费本身。这样的美女，是将人片面化，符号化了商品物，是忽视了女性的社会价值与生命价值的视觉泡沫。可见，广告中的美丽已经偏离了自然、社会发展规律及女性的身心发展需求，消费推动下的虚浮的美。当女性将大量的精力或金钱投入到广告塑造的美丽事业中时，难道不是将自己的人生精力和价值更多的投入到了广告所构建的虚浮世界当中，忽视了自然、社会生活本身与人的价值。

综上所述，在经济利益的推动下，在广告中一幅幅关于美丽的视觉奇观冲击下，导致了大众的虚假需求与拜物教式的消费热潮。广告通过美丽形象的展现，符号化的解读，视觉化的冲击，为女性缔造了消费世界的美丽童话。广大广告受众与广告商、各种美丽品牌企业一起，与时间、自然、身体进行着不可逆的战争。这个长期堆砌起来的美丽陷阱，一方面可能导致消费者长期生活在美丽童话当中，脱离生活实际，忽视了生活本真之美与美的真正意涵，缺乏对生活中真实美的感悟与体认，忽视了对美的真谛探寻；另一方面，这场违背自然发展规律的关于女性身体美的宏伟战役，像童话世界里堆砌起来的美丽泡沫，随着时间的推移必将破碎，最终将可能伤害消费者长期建构起来的关于美的认知与美的信念，并进而影响消费者对美丽广告以及美丽品牌企业的认同，甚至出现负面的态度取向。

第三节　广告奇观与消费主义

双十一、双十二、圣诞节、元旦、过大年、情人节、教师节、儿童节还有各类商场的周年庆……我们的生活被大大小小的节日所包围着，而节日又通过消费印证着它们的存在感。除了节日，我们还有 N 多个消费的理由，换季购、新款购、打折购、搭配购、节日购、生日购，再或者根本就不需要理由，只是想买而已。很显然，现代社会的我们已经俨然是一个消费者了。然而无节制的消费背后，却可能蕴藏着潜在的消费主义危机。

一、消费主义的定义

"消费"源于 14 世纪，有挥霍、用尽的意思，含有贬义；16 世纪出现的"消费者"一词，也有相似的负面意思。直到 19 世纪中期，"消费者"逐渐代替了原来个体化的"顾客"，成为中性词，用来指涉相对于"生产者"的抽象实体。而到了 20 世纪，"消费者"进入日常生活领域，成为大众的指代。

简单地说，消费指人类为满足自身各方面的需要而进行的各种占有与消耗行为。从定义可知，人类消费的目的决不仅仅是生存需要，它一开始就包含着文化的因素在内。正因为如此，人类的消费才得以发展、得以复杂化。

"消费"（consumption）一词于 14 世纪出现在英语中，带有贬义色彩，即"摧毁、耗尽、浪费、用尽"的负面意义。从 18 世纪中期以后，它的贬义色彩逐渐消退，开始成为与"生产"（production）相对而言的概念。"消费"和"消费者"比"使用"和"顾客"更多地出现在日常用语当中，并占有压倒性优势。因为"消费"所满足的需求和渴望超过了基本的、生物需求的范围，现代制造业或商业，不仅仅供应人们已知的需求，它还通过现代商业广告"创造各种需求"，让人们去消费。① 工业技术的进步使得大量的、廉价的商品被生产出来，为大规模的生活消费提供了可能。同时，随着物质的极大丰富，消费成为进一步扩大再生产的推动力。新的消费甚至可能带动出一个新的产业，这也是消费被媒体所推崇的重要原因。

随之而来的，出现了消费主义思潮。所谓消费主义是人们对待物质消费的一种观念、态度和生活方式，认为通过持续及增加消费活动有助于经济的增长，从而在生活态度上以追求和崇尚更多的物质占有，甚至将消费作为美好生活和人生目的的价值观念，以及在这种价值观念支配下的行为实践。这个概念指的是消费从生产关系中脱离并在融入人们日常生活的过程中，逐渐成为人的价值导向和生活目标的过程，本节课将对消费主义这种现象进行文化层面上的分析。

二、消费主义的表现

（一）过度消费

所谓过度消费是指超出基本需求和支付能力的消费，是一

---

① ［美］雷蒙·威廉斯著，刘建基译．关键词［M］．北京：三联书店，2005：85－87.

种扭曲的、不可持续的消费方式。对个人而言，是超出个人实际收入与实际需求的超前消费、超额消费。对国家而言：过度消费是超出生产水平、技术实力和自然承受能力而对自然资源、社会资源的过度占用与消耗。

诸如购物中追逐新鲜的、奇特的、名牌的商品；在婚丧嫁娶时大操大办；房子不但要新的，而且要大的，甚至还要豪华的；家具要高档的，进口的；刚刚脱贫，就成了疯狂追逐高档轿车一族，或成了如痴如醉的旅游者等。

例如每一年的双十一，已经从时髦的光棍节过渡为全民购物的狂欢，2014 年的这一天再创销售神话 571 亿元。虽然不排除其中很多民众的理性购买，但是，也存在大量非理性的过度的甚至疯狂的消费行为。一位普通大学生的衣柜，往往充满着琳琅满目的服装，而大部分的衣服都并非日常必需品。

再如，2012 年的一则新闻"双十一疯狂下单，丈夫怒而起诉离婚"。新闻中的夫妻俩都是工薪阶层，11 月以来，女方天天盯着电脑，夜夜到两三点网购，双十一那天，小米更是从前一夜凌晨开始奋战，直到第二天中午，花了两万多。买的东西用小顾的话说：又都是一堆垃圾。小顾说，他觉得自己娶的根本不是老婆，而是娶了一个移动淘宝回来。气闷之下就告到法院，要求与小米离婚。可见，过度消费已经在不同程度上进入我们的生活中，甚至会影响我们的生活。

（二）炫耀性消费

在炫耀性消费中，消费并不是满足个人消费的需求，而是通过一种消费方式向周围的人表明：我有钱。那些比阔斗富的人希望用这种方式满足自己的虚荣心，取得一种心理满足。炫耀性消费往往打乱正常消费秩序，误导消费方向。在某种意义上，炫耀性消费群体的消费行为不仅造成了资源的极大浪费和财富的严重消耗，还助长了社会上的消费主义风气和享乐主义思潮，其示范效应还加剧了社会上的两极分化和穷人的失落感。

很多时候，我们买一样东西，看中的并不完全是它的使用价值，而是希望通过这样东西显示自己的财富、地位或者其他，所以，有些东西往往是越贵越有人追捧，比如一辆高档轿车、一部昂贵的手机、一栋超大的房子、一场高尔夫球、一顿天价年夜饭……制度经济学派的开山鼻祖凡勃伦称之为炫耀性消费，他认为，那些难于种植并因此昂贵的花并不必然比野生的花漂亮，对于牧场和公园，一头鹿显然没有一头牛有用，但人们喜欢前者是因为它更加昂贵、更加没用。凡勃伦所说的物品包含两种效用，一种是实际使用效用，另外一种是炫耀性消费效用，而后者由价格决定，价格越高，炫耀性消费效用就越高，物品在市场上也就越受欢迎。新闻上报道的天价年夜饭达到了 20 万元，在享用这样的年夜饭时，舌头和胃享受的大概也只有几百元，其余的部分都吃在脸上。

在消费者组成结构上，中国奢侈品消费者呈现出"低龄化"特征：73％的中国奢侈品消费者不满 45 岁，45％的奢侈品消费者年龄在 18 岁至 34 岁之间。这个比例，在日本和英国分别为37％和28％。在消费途径上，虽然各大品牌正努力缩小中国市场和其他市场的价差，不过奢侈品的境外消费仍占据 56％的份额，价格较低和产品选择更广仍是境外购买最重要的两大原因。在消费心态上，中国很大一部分消费者还处在显示身份的"炫耀消费"。复旦大学心理研究中心主任孙时进教授表示，中国经济刚刚腾飞，社会步入大众消费时代，随着商品经济发展，国人购买力上升，人们在物质追求上难免会出现浮躁心态。在社会转型期出现的这种炫耀性消费现象，是社会发展的必然过程，需要社会的宽容和引导。

（三）符号化消费

消费者除消费产品本身以外，而且消费这些产品所象征和代表的意义、心情、美感、档次、情调和气氛，即对这些符号所代表的"意义"或"内涵"的消费。"要成为消费的对象，物品必须成为符号……它被消费——但被消费的不是它的物质性，而是它的差异性。"

符号是一整套的规划或一种为传播者和接受者公知的解释性机制，它能赋予某种意义或内容给某个符号。广告使日常生活审美化，广告合理化的基石就在于广告的符号意义。在超市，琳琅满目的商品让人眼花缭乱，其商品之间的区别，除了功能与实用性区别外，更大的在于其广告包装下的品牌区别，这也就不难解释商品在形式和意义上不断地推陈出新。

三、广告奇观对消费意义的建构与引导

广告作为当代信息传播尤其是商业信息传播的重要载体，一直活跃于各大媒介领域，在进行商业化传播的同时，进而影响着人们的认知和行为，并进一步形成了巨大的文化影响力。从当代广告的形式表现和文化指向可以窥见视觉文化对广告的影响与渗透，通过对商品品牌的形象化建构、对消费意义的符号化建构、对日常生活的美的建构，影响着消费者的消费认知与价值取向乃至意识形态。

"消费"所蕴含的对各种已知与未知需求的满足，其意义的赋予，很大程度上来源于充斥于各大媒体上，琳琅满目、创意翻新的商品广告及其背后的制造商。广告赋予消费者以充分的消费理由及不断更新的消费需求，让消费本身成为人获取自身存在感的重要凭证，以进一步印证自我价值。

（一）广告通过视觉化的品牌建构，获得"注意力经济"引导下的快餐式消费

随着新媒体技术的发展，信息时代进入人们的日常生活。人们通过越来越多样化的媒介渠道接收信息、传播信息，信息量暴增、信息的表现形式丰富多样，这也是今天广告主体所面临的复杂的传播环境。在这种传播环境中，"注意力经济"显得

尤为重要，即"最大限度的吸引用户或消费者的注意力，通过培养潜在的消费群体，以期获得最大的未来商业利益的经济模式"①。在信息爆炸的年代，信息载体的承受力与传播力不再是问题，问题的关键在于信息接收者的信息接收宽度。广告作为商业信息的传播重要承载形式，如何在信息量过于丰富的时代有效地将广告传达给消费者，是当代广告主体进行广告创意传播的重要思考点。

在当代广告创意中，在进行独特定位的同时，善于选用当红的、有突出特色的娱乐明星，并将人物形象与广告商品完美结合，如通过"小鲜肉""女神""社会精英""成功人士""贤妻良母""权威专家"等广告明星的演绎，将这些形象的特质赋予到广告商品身上，引发人们对商品的注意，并产生进一步的消费。例如2012年9月进驻中国的炫迈口香糖，在当时益达、绿箭、乐天、好丽友等几大品牌，各具特色分割中国市场的前提下，作为一个全新的品牌，为了突出自身的差异性与特色，炫迈口香糖提出了"根本停不下来"这一独一无二的广告宣传语，并先后聘请了柯震东、华晨语、李易峰等当红年轻明星作为其品牌代言人。通过独特幽默的故事化诉求，引起消费者的关注与兴趣，并引发进一步的购买行为。到2014年，炫迈口香糖已成功进入中国口香糖知名品牌前五名。

再如，益达口香糖则将"甜蜜爱情"作为其广告的独特定位，并于2010年聘请偶像明星彭于晏、桂纶镁演绎了经典的微电影广告"酸、甜、苦、辣"系列并剪辑成电视广告，在不同的媒介平台上反复放映。在系列广告中，桂纶镁演绎了一个叛逆、表面强悍、内心柔软的"大女人"形象，而彭于晏则以帅气、可爱的"暖男"形象示人。通过分集播放、设立悬念的方式引发观众对二人之间的情感纠葛的关注与兴趣，而益达口香糖则成为广告故事情节中引发矛盾，产生情感沟通的重要衔接

---

① 陶东风. 大众文化教程［M］. 桂林：广西师范大学出版社，2008：280.

道具。该系列广告将"酸甜苦辣"的爱情味道与益达口香糖有机衔接起来，并和人们生活的日常相连接，引发消费者对品牌的形象化认知和情感认同。

可见，吸引消费者进行口香糖消费的，并不止于产品的功能与价格，还有广告对品牌形象化塑造中所赋予品牌的差异性形象。从孩子们口中的"麦当劳叔叔""肯德基爷爷"可以看出，品牌已不仅是产品的出产商或冠名商，更赋予了产品以人性化的形象与性格特征。在物质丰富的今天，要在功能性差异日益弱化的商品类别中脱颖而出以吸引消费者，视觉化的形象塑造，个性化的性格演绎，成为品牌差异吸引消费者进行尝鲜消费的重要源泉。

（二）广告通过社会意义的嫁接，赋予商品以艺术的、感性的、符号化的意义，导致了"拜物教"式的价值导向

当代消费者对商品、服务的消费并不止于实际功能需求的消费，而更多的源于对其艺术的、感性的、符号化的消费。例如，一个奢侈品真皮女包的售价从几千到上万元不等，比一头牛的价格还要昂贵的多。其价格并不是以产品的材质、人工、运输等成本来确定，而是通过不同的广告形式所确立的品牌价值、消费意义和情感满足。广告广泛地运用各种文化符号阐释商品的价值与意义，通过艺术化的展示、故事性的描述、情感性引发的共鸣，赋予商品超出其实际存在价值之上的社会价值与艺术价值，并通过商品价格得以体现和实现。如迪奥品牌在法国凡尔赛宫所拍摄的商品广告，几位穿着迪奥服装，佩戴迪奥饰品，手腕挎迪奥包，涂抹浓烈妆容的女性模特，在历史遗迹凡尔赛宫廷中行走、驻足、奔跑。通过慢镜头、推拉镜头、特写、全景镜头的交叉运用，将凡尔赛宫廷与女性模特相互映衬，互为主体，凸显了凡尔赛宫映衬下迪奥女性的贵族气质与奢华生活。广告将凡尔赛宫所蕴含的历史气息、宏伟建筑、艺术装饰嫁接到迪奥服饰包裹下的女性模特身上，并进一步赋予

迪奥品牌及产品以奢华、高贵、历史、艺术等文化价值。这便不难理解，消费者以超出一头牛的价格购买的奢侈品包。其消费的意义不止于该包的实用性和审美性，而更多的是广告赋予该包的品牌价值和社会意义。

正如维布伦所述的"炫耀性消费"那样，"要提高消费者的美誉，就必须进行非必需品的消费，要追求名望，就必须浪费。除非与衣食无着的赤贫者相比，否则，徒有生活必须品的消费，是带不来声誉的。"① 高价消费背后所体现的是社会关系中人与人的关系。商品价格的高低是人与人消费品价格比较下所体现出的人与人的社会关系，以及这种社会关系对人的精神满足。当宫廷已经远离我们的生活，专制与皇权已成为历史记载的今天，广告中对这些元素的运用以及意义的嫁接，其价值导向是通过消费的差距来衡量人与人之间社会地位差距，是物质性至上的文化导向与精神侵蚀，这将可能导致"拜物教"式的商品膜拜和消费狂热。

马克思对商品拜物教给予了描述性的定义："商品形式和它借以得到表现的劳动产品的价值关系，是同劳动产品的物理性质以及由此产生的物的关系完全无关的。这只是人们自己的一定的社会关系，但它在人们面前采取了物与物的关系的虚幻的形式。因此，要找一个比喻，我们就得逃到宗教世界的幻境中去。在那里，人脑的产物表现为赋有生命的、彼此发生关系并同人发生关系的独立存在的东西。在商品世界里，人手的产物也是这样。我把这叫作拜物教。劳动产品一旦作为商品来生产，就带上拜物教性质，因此拜物教是同商品生产分不开的。"② 可见，商品拜物教背后蕴含着人与人之间的社会关系，是被物化了的生产关系。人们对商品的消费，并不止于对商品功能的消

---

① ［英］索尔斯坦·维布伦.夸示性消费［A］.消费文化读本［M］.北京：中国社会科学出版社，2003：22.

② ［德］卡尔·马克思著，中央编译局译.资本论（第一卷）［M］.北京：人民出版社，2004：89、90.

费以及现实匮乏的满足，而更多的是对商品符号价值的消费以及精神匮乏的满足。消费者在消费过程中的匮乏与满足很大程度上来源于生产商及其主导下的商品广告所进行的建构与传播。

（三）广告通过美的形象化描述，赋予了商品介入下的日常生活以美的体验，导致了"消费主义"式的价值倾向

除了以奢侈品为代表的高价消费外，其他大众型消费者对日常用品的消费也体现出形象化、精神化、品牌化的视觉化审美倾向消费，其消费动机并不止于生活本身的必需，而是广告引领下的形象消费、情感消费和美的消费。日常生活于人自身而言，本是繁琐而乏味的，人们在工作、学习、休息的反复循环中重复着日常的生活琐碎。然而，在工业化背景下，随着大众文化的发展与扩充，艺术之美通过机械复制、大众媒体传播开始融入人们的日常生活当中，并和日常消费品结合起来，成为生活的一部分，即"日常生活的审美化"。广告商品所强调的不再仅是商品本身，而赋予了它更丰富的形象价值和美的体验。例如国内家居用品吸油烟机的电视广告中，大多以美丽女性为广告主角，她们在广告中表现出优雅、美丽、干净、神态自若。而这一切都归功于造型时尚、功能先进的品牌油烟机。这些广告将日常生活中繁琐、忙乱、油腻的做饭环节打造成身着晚礼服，如参加宴会般悠闲、美好的享受情境。当然这样的情境并不等同于生活的日常，而是广告艺术表现下的日常，是需要消费者通过消费才能获取的想象性日常生活美的满足。

在广告创意表现中，通过拍摄技巧、电脑图片处理技术、故事情节表现方法等，将日常生活的情节美好化，将"美"的体验融入广告情节所表现出的日常生活当中，使消费者认为广告中所描述的美好形象的实现可以通过商品消费来获取，并进一步将商品消费与日常生活"美"的实现相结合。这一方面使大众跳出了日常生活的琐碎与无意义，为日常生活在反复循环中寻找到美的价值与存在的理由；另一方面则可能导致消费主

义倾向，使人们超出实际需求进行不断的消费与满足，陷入对"虚假需求"的追求泥沼。正如马尔库塞所描述的"单向度的人"，"按照广告来放松和娱乐、行动和消费、爱或恨别人所爱所恨的东西……都是虚假的需要。"[①] 这必然导致消费主义式的价值导向和消费观念。所谓消费主义，从社会学观点来看，是物质极大丰富前提下，人们处理物与人的关系的方案之一。市场经济出现以前，物品是劳动的直接成果，而物品的生产与交换通常在一地之内完成。这个时候，物品的价值是它的"实用价值"而非"交换价值"。在市场经济社会，因为市场的形成，人们在交换过程中人为的估量一物的"价值"，扭曲了体现劳动的"实用价值"。消费主义可能会造成公民社会的消逝。因为消费主义的基本意识形态是市场关系，也就是在所有的人际关系中，市场逻辑成为指导原则，公民的基本权利变成需要透过消费所获得。如此一来，一般人必须要是积极的消费者，才能是好的公民，这便排除了经济上弱势的中下阶层民众在公民社会本应享有的那些"不论贫穷或富有都享有同等待遇"——如教育、医疗保障等。

消费主义式的价值导向使人们在物质丰富的时代，不去摆脱物质的束缚以追求知识的丰富、精神的满足、思想的进步，而是更进一步融入物质消费中，以获得精神的快感。并在广告的不断更新与引导下，产生新的精神匮乏及进一步物质消费下的精神满足，陷入消费主义的泥潭。可见，人对物质的不断匮乏与满足，其实质不是人精神上的真实需求，而是商品制造商与广告人合谋制造的需求假象，这种需求根本上是生产与发展的需要。

在消费主义浪潮的推动下，通过消费引导生产成为今天企业发展的重要砝码。进行商业信息传播的广告更是通过对商品品牌进行视觉化的形象建构、符号化的意义嫁接、"美"的形象

---

① ［美］赫伯特·马尔库塞著，张峰、吕世平译. 单向度的人［M］. 重庆：重庆出版社，1988：6.

化描述，以吸引消费者的注意力，并引导消费者以消费的方式获得社会价值和日常生活审美化的体验。值得深思的是，这样的消费导向，将可能引发"拜物教""消费主义"等意识形态倾向，让大众陷入物质消费的无限循环中以获得存在的快感与价值，而忽略了精神的追求与人生深层意义的思考。

四、消费主义的后果

（一）危害自然——破坏人与自然的和谐

消费在一定程度上满足了人们对物质的需要，但在消费主义思潮下过度的物质诉求是以浪费大量资源和破坏生态平衡为代价的。在消费主义的作用下，人们在消费模式和生活方式上竞相攀比，引发了对时尚流行产品的追逐，人为地提高了产品的更新换代率，使得产品使用时间大大缩短，"大量生产""大量消费"使人类的环境和资源承受了巨大压力。同时，消费主义非常重视商品外观的美感和符号象征意义，这使得商品成本因过度包装而不断增加，造成大量资源浪费。

（二）危害社会——加剧人与人之间的不公平，妨碍和谐社会的构建

消费主义必然导致群体之间公平性缺失。消费主义思潮影响下的消费不仅仅是为了满足基本生存需要，更多的是消费其符号价值。在这种虚荣的社会心理作用下，大众对名牌产品和高档产品的消费趋之若鹜。社会各阶层之间相互攀比，高收入者努力保持其领先的消费优势，不断引领新的消费潮流；而低收入者则拼命效仿富有阶层。在这种消费观念的恶性循环下，引发的是拜金主义等不良风气。有的人为了满足其炫耀性消费欲望，不惜透支、负债甚至做违法犯罪的事。这样的生活方式无疑消减了人们对理性价值的追求，甚至而表现为社会公德心

严重缺失，如为了拼命赚钱，漠视法律，无视人的健康和安全。

消费主义可能会造成公民社会的消逝。因为消费主义的基本意识形态是市场关系，也就是在所有的人际关系中，被市场意识渗透，而市场逻辑成为指导原则。例如，在新自由主义经济政策下，大规模私有化让许多财货都落入私人企业手中，而一般人要透过消费才可以获得这些产品或服务。但公民的概念中，有许多权利，例如医保制度，是人人生而有之的。换句话说，不论贫穷或富有都享有同等待遇。然而在新自由主义的消费导向社会中，这些公民的基本权利变成需要透过消费所获得，一般人必须要是积极的消费者，才能是好的公民。如此一来，便排除了经济上弱势的中下阶层民众。此外，消费社会中的企业可能透过各种手段，例如选举资助、政治献金，而对政治造成影响，例如形成压力团体，迫使立法机关做出对企业有利的立法，但却不一定符合人民的利益。2011年9月开始的占领华尔街运动的主要诉求之一便是阻止消费主义对公民权利的直接或间接损害。

（三）危害人本身——人自身价值迷失

消费主义必然导致人类自身的人格困境。消费主义实质上是一种违反社会发展规律的消费观和价值观。在消费主义社会，商品所创造的商品"符号价值"，使得消费不再纯然属于一种满足实际需要的自主性行为，而是陷入各种欲望追赶之中的非自主性行为。事实上，消费作为人类生存的基本方式，是人类健康自由发展的基础和前提，但是在消费主义的全面影响下，消费主体被异化成了"消费人"。

所谓消费人是指人的生存就是为了消费，消费成为人生活的意义。人们的消费水平成为他们的身份、价值高低的标志，是人生成功或失败的证明。消费主义使人类本质上的多维性被简化为对物质的占有和消费这一单维性，从而丧失了人与自然、人与社会、人与他人、人与自我的丰满的社会关系的存在。使物包围人、困扰人，甚至成为消费物品的奴仆，即人被"物化"。"消费人"希望从物中找到自己的灵魂，而恰恰是人真正灵魂的失落。消费主义使人功利化、物质化，而成为全面的商品拜物教的教徒。

综上，我们一方面要肯定合理消费的必要性。合理消费是促进经济发展、改善人们生活质量、扩大就业机会、部分地提高了个人劳动生产率的有效途径；另一方面，要谨防消费主义思潮所导致的资源浪费、环境污染、引发拜金主义思潮，妨碍社会的和谐发展，推动了物化思潮的泛滥，促使人自身价值的迷失。

第四节　纪录片《舌尖上的中国》中美的设定与表现

2012年、2014年央视播出的纪录片《舌尖上的中国》1、《舌尖上的中国》2，取得了高收视率和好的口碑传播效应，并引发了网络购买传统食品的消费热潮。这股舌尖浪潮，一方面带来了敬畏传统、回归自在、本真生活的文化风气，另一方面从央视到食品厂商、网络电商都获得了巨大的经济效益以及长时间的食品消费的热潮。《舌尖上的中国》以美食为主体，以真实性、日常性、大众性为导向，通过内容的选取与展现，引发人们思考自然与工业、传统与现代、自在生存与消费性存在之间的矛盾与选择，并获得大众认可；为泛娱乐化的大众文化市场，提供了新的题材选择与价值取向，值得业界和学界的关注与思考。

一、《舌尖上的中国》中所展现的美的存在——生活本身之美

车尔尼雪夫斯基将美从抽象的、思辨的理念神台上推向寻

常百姓之家，他认为"在人觉得可爱的一切东西中最有一般性的，最可爱的，就是生活"，他得出的定义是"美是生活"。①《舌尖上的中国》为我们所诠释的食物之美，便恰恰是绝大多数人生活中的日常食物，以及蕴含在这些日常食物中的生活本身之美。

在中国，食物之美自古便被文人墨客们所称颂。《孟子·告子上》中的"食色性也"，孔子《礼记》中的"饮食男女，人之大欲存焉"，将"饮食"与"男女"比作即生活与性，并列为人生的两件大事。可见，自古人们便意识到，食物和男女性交是维持人类生存、保障人类繁衍的基本生活内容，并赋予人自然属性的本质特点。对食物的追求是人与生俱来的天性，是人最基本也是最重要的欲求，最终决定了人生活中的主要内容，促使人向往美好的日常生活，并最终推动人类社会的发展。日常生活中，人们在美食中感知甜蜜、品尝心酸、回味甘苦，人们日常最惯常的饮食，恰恰孕育着生活本身的味道。也许它们并不浓烈也不惊奇，而平凡才更是生活本真的味道。《北京青年报》在采访《舌尖上的中国》总导演陈晓卿时，他对美食入选《舌尖3》提出了4大标准：第一，要健康；第二，要真实，好菜的标准一是好吃，二是有传承；第三，相对日常，大多数人能吃得到；第四，要解馋。可见"真实性""日常性"是《舌尖上的中国》进行内容选择所遵循的基本标准，也是其取得高收视率并能引发广大观众共鸣的基础。

食，是人类赖以生存的第一要素，是人们日常的基本内容。"民以食为天"，食是人填饱人肚子，维持基本生计的生存之本。这种最日常的基本生活内容，恰恰孕育着生活之美。"美的事物在人心中所唤起的感觉，是类似我们当着亲爱的人面前时洋溢于我们心中的那种愉悦。我们无私地爱着，我们欣赏它，喜欢它，如同喜欢我们亲爱的人一样。由此可知，美包含着一种可

---

①　［俄］车尔尼雪夫斯基著，周扬译. 艺术与现实的审美关系［M］. 北京：人民文学出版社，2009.

爱的、为我们的心所宝贵的东西。但是这个'东西'一定是一个无所不包、能够采取最多种多样的形式、最富于一般性的东西;因为只有最多种多样的对象,彼此毫不相似的事物,我们才会觉得是美的。"① 饮食,恰恰是人生活中最富有一般性也最丰富多彩的日常行为,其中蕴含着丰富的生活的美。

食物的美是广泛的,为人们亲自所感知,这不仅限于当代工业化大生产背景下所生产、包装、塑造下昂贵富有炫耀价值的奇珍海味,而更多的是不分贫富贵贱,为大众所共享,具有普遍性、历史传承性与地方特点。在《舌尖上的中国》中所介绍的食物,大多是各地最具代表性的家常饮食。"家常美味,也是人生百味。"在第一季第二集《主食的故事》中所介绍的黄馍馍、面、粽子、年糕、饺子,是中国从北到南最具特色也最普遍的日常食物,是人们餐桌上的主角。这些食物,传承了中国一千年前所形成的南种稻、北种黍和麦的自然格局下形成"南米北面"主食格局特点。黄馍馍既是人们对8000年来种植黍的饮食文化传承,也是陕北特色饮食习惯的体现。北方老人过生一定要吃的长寿面,承载着南方家庭味道的年糕,春节全家团圆时必不可少的饺子。这些食物的所吸引人的地方,不在于新,不在于奇,由于其日常性也谈不上味道的珍贵与美味。恰恰由于它们的日常性,伴随我们出生,伴随我们的一日三餐,伴随我们成长,一直到我们老去,日常的食物就像我们的亲人般,陪伴我们身边,让我们感受到活着的存在,以及存在的力量、存在的愉悦。即使这些食物偶尔是苦涩的,是乏味的,也恰恰是体现了生活本来的滋味。这不正是车尔尼雪夫斯基所描述的生活之美吗?日常的食物是可爱的,为我们心所宝贵的东西,是美得让人注目的东西。

---

① [俄]车尔尼雪夫斯基著,周扬译. 艺术与现实的审美关系 [M]. 北京:人民文学出版社,2009.

二、《舌尖上的中国》中所展现的美的所在——和谐关系之美

早在公元前 6 世纪末，毕达哥拉斯及其门徒们认为："什么是最美的？——和谐。"① 和谐的标准一是指事物各部分之间精确的比例对称，如"身体美确实在于各部分之间的比例对称"；二是指决定上述比例对称的数的关系，认为数的原则是一切事物的原则，"整个天体就是一种和谐和一种数。"② 直到 18 世纪中期，法国哲学家狄德罗在他的美学论文《关于美的根源及其本质的哲学探讨》中明确提出"美在关系"的著名命题。"它存在，一切物体就美，……总而言之，是这样一个品质，美因他产生，而增长，而千变万化，而衰退，而消失。然而，只有关系这个概念才能产生这样的效果。""我认为，不论是怎样的关系，美总是由关系构成的"。即"美在关系"。③

综上所述，由人人的关系所构成的日常生活才是美的所在。《舌尖上的中国》在反映人们日常饮食的同时，其背后蕴含的恰恰是人与自然、人与人、人与社会之间的复杂、绵长、和谐共生的关系，这也是其生活美的所在。

（一）人与自然的关系

黑格尔认为："自然美只是为其他对象而美，这就是说，为我们，为审美的意识而美。""我们只有在自然形象的符合概念的客观性相之中见出受到生气灌注的互相依存的关系时，才可以见出自然的美"。可见，自然之美在于人对自然的体察以及人

---

① ［法］罗斑著，陈修斋译. 希腊思想和科学精神的起源［M］. 桂林：广西师范大学出版社，2003.

② 北京大学哲学系美学教研室. 西方美学家论美和美感［M］. 北京：商务印书馆，1980.

③ ［法］狄德罗著，张冠尧、桂裕芳译. 狄德罗美学论文选［M］. 北京：人民文学出版社，2008.

与自然相互作用所产生的和谐关系，即"在万象纷呈中却表现出一种愉快的动人的外在和谐，引人入胜"①。

《舌尖上的中国》以食物为纽带记录、展示出人与自然和谐、共生这种愉快、动人的关系。首先，人们发现并寻觅自然之美。在第一季第一集《自然的馈赠》中描述了这样一幅场景："中国拥有世界上最富戏剧性的自然景观，高原，山林，湖泊，海岸线。这种地理跨度有助于物种的形成和保存，任何一个国家都没有这样多潜在的食物原材料。"这里处处展示着中国唯美的、独具特色且充满神秘感的自然风光，引人入胜。

然后，人们通过劳动享用自然赐予食物与金钱，并以此来感知、享受自然之美。"为了得到这份自然的馈赠，人们采集，捡拾，挖掘，捕捞。"无论是凌晨 3 点出发，通过独具慧眼的能力，驾车到 30 公里之外原始森林中步行寻找松茸的单珍卓玛和妈妈；还是在寒冷的季节，持续 7 个月双腿深埋淡水湖中，每天从日出延续到日落进行艰辛挖藕工作的职业挖藕人；还有为寻找森林中稀少的甜美蜂蜜，独自爬上 40 米高大树的西藏小伙子白马占堆……他们都在通过自己的不懈努力和辛勤劳作，与自然对话，享受自然的美味与馈赠。在这些唯美的画面中，我们看到人们最真诚、最满足的笑容，看到美丽的自然风光以及和自然融为一体的人们。

最后，《舌尖上的中国》一定不会忘记人与自然的和谐之美，这也是自然美的真谛所在。画面上的人们在与自然的交流、对话、使用过程中，总是严守自然规律以维系自然之美，最终达到人与自然的和谐之美。"松茸出土后，卓玛立刻用地上的松针把菌坑掩盖好，只有这样，菌丝才可以不被破坏，为了延续自然的馈赠，藏民们小心翼翼地遵守着山林的规矩。"在内蒙古达里诺尔，"为了保持湖鱼的种群数量，渔民们约定，每年冬捕不会超过 30 万公斤。""草原秘境，人和鱼类共同努力，找到维

① [德] 黑格尔著，朱光潜译. 美学（第一卷）[M]. 北京：商务印书馆，1979.

持平衡的生存之道。"在这里，处处体现着享受自然的劳动人民对自然的尊重与热爱，人与自然的和谐共生。

（二）人与人的关系

关于"美是生活"的进一步衍生所得出的结论便是"美是人生"，"在整个感性世界里，人是最高级的存在物；所以，人的性格是我们所能感到的世界上最高的美，至于世界上其他的存在物只有按照它们暗示到人或令人想到人的程度，才或多或少地获得美的价值。许多个别的人结合成一个整体，就成为社会；所以，美的最高领域就在人类社会"①。日常性的生活之美，其本质在于人的参与，由人所构建起来的生活之美。而人的生活中，最美的体现，莫过于期间所感知到的各种人文关系。

《舌尖上的中国》通过各地美食，时时诠释着其所代表的人与人的关系以及这种关系之美。"儿子远在北京，老沈唤回在省城工作的女儿回家帮忙，沈敦树坚信，儿女离家再远，也不能忘记土地才是农家的根本。""香港的阿添和家人一起经营着自家的腊味店。……如今，阿添和他的父亲、大伯一起，打理照料店里的一切。"在没有乡愁的深圳，《舌尖上的中国》呈现的却是原住下沙村民所举行的祭祖仪式以及期间的一场宴席。食物所承载的是家与家乡的味道，其中满含浓浓的亲情与乡情。通过食物向传统致敬，满足人们味觉的同时更触动人们最柔软的情感。"这是盐的味道，山的味道，风的味道，阳光的味道，也是时间的味道，人情的味道。这些味道，已经在漫长的时光中和故土、乡亲、念旧、勤俭、坚忍等情感和信念混合在一起，才下舌尖，又上心间，让我们几乎分不清哪一个是滋味，哪一种是情怀。"

---

① ［俄］车尔尼雪夫斯基著，周扬译．艺术与现实的审美关系［M］．北京：人民文学出版社，2009．

（三）人与社会的关系

当我们向往、致敬传统，在舌尖上感知家庭关系之美的同时，人与当代社会的关系也不可避免地影响着我们的生活。"高速发展的中国，人们对新事物的追逐更加急迫，是坚守传统，还是做出改变，这是一个问题。"自然与工业化的冲突与矛盾，协调与共生似乎正印证了赫拉克利特对和谐关系之美另一面的领悟与深化。"互相排斥的东西结合在一起，不同的音调造成最美的和谐；一切都是斗争所产生的。"[①] 赫拉克利特将和谐之美在平衡、数的比例基础上加入了事物间的对立与斗争。这一独特的角度恰恰深刻地诠释了当代工业化社会下生活、工作的人们所经历的矛盾生活的美。这一矛盾的美不时地出现在《舌尖上的中国》中，引人深思。

对于食物而言，一方面，现代工业不断地探寻传统自然秘境，由于天然食品的稀缺性与纯真性，更受到现代社会的追逐与向往。即使远在大山、海边、乡村的人们，期间的生活仍会不时与现代化的生产与消费交叉，互为影响。在自然秘境中，"为期两个月的松茸季节，卓玛和妈妈挣到了 5000 元，这个收入是对她们辛苦付出的回报。"而在另一边，"大海又一次展现了它的慷慨。50 公斤的海货，是他们一昼夜颠簸的回报，10 个小时内，这些海货将出现在大城市的餐厅。"传统的劳作受到工业化社会的肯定，并给予其相应的经济回报，这是当代工业化社会的行为方式和价值标准。另一方面，现代社会不断干预甚至影响传统的食物生产方式，通过工业化生产方式的改造，使之更加便利、迅速、低成本地进入现代家庭生活当中。例如，传统的手工粽子在现代化生产与消费的推动下，将手工与工业化生产相结合，既需要掌握传统技艺的熟练包粽师，又需要现代工业化的生产流水线、品牌包装与推广。

---

① 北京大学哲学系美学教研室．西方美学家论美和美感［M］．北京：商务印书馆，1980.

对食物背后的人而言，当代大众尤其是年轻人中的大多数似乎没有选择地投身到了工业化大生产的浪潮当中。对于许多离开家乡和父母来到大城市打拼的年轻人而言，什么是美？什么是幸福？什么是梦想和追求？什么又是成功与快乐？这在他们充满汗水、欢笑、泪水、激情与失落的青春里，似乎还来不及思考和困惑，却深深地伴随着他们的生活。

《舌尖上的中国》里，在巨大的富士康工厂，工人们每天吃着由工业化模式制造出的标准化食物。这些食物的标准仅在于健康和营养均衡。而生活的另一面，在这里工作了11年的湖南人徐磊，晚上，在园区外密集的住宅楼群里，和家人一起享用着家乡带来的腊鱼和咸鸭蛋，这样的食物即使简单纯朴，却似乎是这一家人在这个喧闹城市里所能找到的属于自己的位子。

也有的人做出了其他的选择。北京人史旭霞和王翀夫妇，为寻找简单的快乐，最终从喧闹的北京搬到3000公里外的大理，只为"脚踩土地头顶蓝天的踏实感"。职场受挫后的大学毕业生阿哲，回汕头家乡子承父业，在家里的小饭店帮忙，从学习高数到学习做菜，继承传统蚝烙的做法并不断升华和创新。无论是选择出走还是回归，在这个工业化的现代都市，人们总会有自己的理由与无奈，这又何尝不是一种别样的冲突之美？

三、从《舌尖上的中国》看现代社会对"美的生活"的加工与再生产

《舌尖上的中国》凭借其内容的朴实与本真，通过关注人和人的生活本身，引起广大观众的共鸣，获得观众的认可和喜爱，并被广泛传播，产生巨大的文化效应和经济效益。上文论述了该节目所呈现的美食中所承载的日常生活之美、人与自然、人与人、人与社会的关系之美。需要指出的是，节目中所展现的"美的生活"并不等同于日常生活本身。日常生活往往是乏善可陈的，尤其是我们惯常了的日复一日的寻常生活并不等同于美

的艺术与美的传播。也许我们的日常生活中承载着美本身，但如果没有美的包装与传播，深陷生活中的人们往往没有时间与精力感知、挖掘其中美的真谛，而是被琐事所累。将我们惯常熟悉的生活场景，通过陌生化处理，以美的方式呈现在观众面前，也许这正是《舌尖上的中国》成功之道。

事实上，《舌尖上的中国》其形式是工业化社会的产物从全国性的取景拍摄，长时间的走访筹备，现代高科技的拍摄设备，多角度的美食画面呈现，新媒体和传统媒体相结合的播出与传播，整合营销式的推广与营销。显然，《舌尖上的中国》是当代工业化社会的产物，是面向广大消费群体的大众文化产物。《舌尖上的中国》将日常生活进行拍摄、剪辑、配乐、旁白等陌生化艺术处理之后，所呈现出的美食，已不再是它原始、自然背景下的本来模样，而是经过现代化传播、包装后的人们经过主体化认知的产物。这样的美食以其真实、自然、日常性取胜，以引发观众共鸣，却通过现代化的传播与消费，以被当代大众所享用，这不得不说是当代社会的一大新的视觉景观。感知自然、体味传统生活的实现方式，在现代都市，仍然需要通过消费与娱乐形式得以实现和享用。

《舌尖上的中国》通过人们对日常生活之美的体认，塑造了一种新的娱乐形式与文化价值取向，同时，其经济效益也是巨大的。在期间亮相的各地餐馆、美食都获得了良好的传播效应。曾在第一季第四集《时间的味道》中亮相过的上海三阳南货店，在播出之后增加了不少人流量，期间的销售量和往年的同时期相比，上升了10％~20％。其中很多人是在看过片子之后特意去买南货的。而更多人则选择利用网络的便捷寻找舌尖上的美食。在第一季节目播出后，在网上搜索购买相关食材的消费者，一周内就涌现了近600万人，甚至有些店铺的商品在一天之内就售完下架了。《舌尖上的中国》实现了从纪录片到网友再到电商这一病毒式商业营销链条。有了第一季带动下网络食品销售热潮的先例，第二季的相关食品营销则更具规模效应和品牌价值。中粮集团的"我买网"利用旗下的食品电商的专业优势，成功搭乘第二季《舌尖上的中国》的东风，在其网站上开启了"舌尖美食2，尽在我买网"专区。期间根据节目播放的美食内容，推出相应的专题食材页面，吸引了数十万吃货们的关注，部分商品在短时间内甚至出现卖断货的情况。并推出第二届"吃货节"，充分借助第二季《舌尖上的中国》的节目传播效应，引来网络上美食的沟通、互动与购买，获得了巨大的经济效益和品牌传播效应。同时，《舌尖上的中国》背后的央视剧组也伴随着节目的收视成功，获得了巨大的经济收益和口碑效益。

　　巨大的经济效益并不意味着其价值取向的扭曲，我们所要探寻的正是大众文化如何在这个工业化的社会背景下，寻求文化与经济的双赢。"美的生活""美在关系"是《舌尖上的中国》内容选择、文化取向和表现方式的成功落脚点，也是其打动亿万观众和消费者的文化内核，而其形式仍旧是工业化社会背景下大众文化的产物。其可贵之处在于摆脱了近来受欢迎的大众文化节目中所充斥的明星炒作、爱情泡沫、成功神话、物欲横流等泛娱乐化的价值取向，而是引导着都市人们敬畏传统，关注人的生活本真，直面人与社会的矛盾存在，这何尝不是一种大胆的尝试和可贵的探索，也为大众文化的题材选择注入了更丰富的内容，更积极的价值取向。

第五章　双重言说的广告文化传播

第一节　广告文化概述

在这个商业化的世界里，广告如同我们呼吸的氧气一般，伴随在我们身边。即使一个人不去留意广告，只要他还消费着现代社会的产品，他的生活、他的存在就确实地受到广告的影响。

一、广告的文化性

那么究竟该如何定义广告呢？广告一词是"Advertising"，这个英文单词来源于拉丁文的"Advertere"一词，意思是"唤起大众对某种事物的注意，并诱导于一定的方向所使用的一种手段"①。到了 19 世纪末 20 世纪初，被称为美国现代广告之父的拉斯克尔用"salesmanship"一词揭示了广告最为核心的含义，即广告是为销售服务的手段。这一定义和早期以生产为中心的观念相一致，体现了当时广告传播以"推销"为主要形式的单向传播性。

1948 年，美国营销协会为广告做了定义，形成了迄今为止影响较大的广告定义："广告是一种非个人的信息交流，是由身份明确的广告主以付费的方法通过各种传媒对产品、服务或观

---

① 王军元. 现代广告学［M］. 苏州：苏州大学出版社，2007.

念进行劝服性的介绍。"由此可见，广告已经逐渐由单纯的产品销售信息诉求为主要内容过渡到协调的信息表达方式，旨在为公司产品或品牌与其消费者之间建立某种共识，进而实现彼此之间的价值交换。所谓的共识，意味着双方之间不只是单纯的信息转换，还必须是一种相互协调的意见平衡。可见，广告已然成为一种"交流"，一种付费的，有劝服目的的交流。交流强调的是自我与他者之间建立联系，这样的联系需要在特定的社会文化背景下，使用双方所共识的语言，进行符号化的解读，并得出双方都认可的符号意义与价值。

从广告定义的发展可以看出，对广告的研究已不能仅局限于商业的推销行为，而应该把广告置于社会文化的大背景下，进行文化层面的解读和认知，这样的解读，就必然包含着广告与大众文化的关系。正如我国著名报学史专家戈公振先生在研究中国报学史的过程中，提出了对于广告的看法："广告为商业发展之史乘，亦即文化进步之记录。人类生活，因科学之发明日趋于繁密美满，而广告即有促进人生与指导人生之功能。故广告不仅为工商界推销出品之一手段，实负有宣传文化与教育群众之使命也。"① 戈公振先生强调了广告在人类社会生活中的重要地位及其所负的重要文化功能。

二、多元的广告文化

广告具有悠久的历史，广告文化源远流长。广告文化是社会生产力和社会文化发展到一定阶段的时代产物，是人类不断追求物质文明和精神文明的结果。在广告漫长的历史发展过程中，由于不同时期社会的经济水平、地域环境、宗教信仰、风俗习惯等不同，广告文化的内涵、特点和表现形式也有所不同。现代社会是一个开放的社会，国际经济的发展，科技交流的增

---

① 戈公振．中国报学史［M］．北京：三联书店，1955.

多使人们的文化交流活动已经超越了地域的藩篱，使社会文化内容也变得丰富多彩，为广告文化提供了充足的文化材料。富足的物资生产为人们的精神生产创造了极大的空间，人们的思想意识活动异常活跃，广告创意呈现多角度性，它可以自由跨越时间和空间的限度，在广告产品上展示它独有的创造力和生命力。广告文化是人类广告思维活动对社会文化片断的反映和再创造，主体思维的多元性，必然成就客体的多样形式与表现。

广告表现形式具有多样性，广告主运用语言、文字、图画、色彩、音乐、人物形象等多种复杂的符号元素表现广告。这些符号元素在应用到广告作品之前，就被特定的文化赋予特殊的意义了。因此它们不再是简简单单的符号元素，而具有很强的文化象征性。广告形式在运用这些符号表现广告内容时，也就具有了相应的文化性。而且即使是同一种符号元素，又因为地域的不同、文化背景的不同、生活习俗的不同、民族信仰的不同，其含义也不同，甚至截然相反。这也使广告文化呈现出纷繁多变的多元性特色。现代广告文化中就呈现了传统文化与现代文化、民族文化与共通文化、东方文化与西方文化、积极文化与消极文化并存的多元态势。

（一）传统文化与现代文化

传统文化是一个民族在长期的历史发展过程中积淀而成的，具有相对的稳定性和影响性。传统文化中的优秀因素，具有特殊的历史魅力，是一种生命力极强的遗传因子，历经文化环境的变迁、世代子孙的传承，仍能影响每一个民族成员，有些传统文化还是现代文明的基础。中国传统文化底蕴丰厚，博大精深，为广告文化提供丰富的资源，许多广告创作者都从传统文化中汲取营养，发掘能够引起消费者情感共鸣的内容，以达成有效沟通。例如20世纪90年代的电视广告《孔府宴酒——回家篇》，整个作品传递了对游子回乡，家庭团圆的美好祝愿，将酒和这种美好的情节与幸福的心理感受相联系，将传统文化中的重亲情这一道德取向恰当地运用到广告文化中，受到国内观众一致好评。即便是播出这么多年之后，消费者都会对之留下深刻印象。

现代文化产生于现实时代的活动和交往之中，它是社会大众在实际生活中新创造的。文化具有相对的时间性和延长性，当下文化已经从传统文化流向现代文化，虽然传统文化仍具有不可抗拒的超时空性，但它不能取代当下文明社会中现代文化的重要地位。现代文化主要体现现代思想，它是时代进步的标记，具有明显的时代气息。现代文化是社会大众按照现实社会的状况，创造出来的新文化，对消费者的导向作用，具有天然的直接性和亲和性。如果广告能够利用现代文化，使产品广告和消费者建立文化意义上的契合点，就可能达到很好的突出广告主旨，吸引广告受众的目的。

（二）民族文化和共通文化

民族文化是一个民族在历史发展过程中逐步形成的，是相同的信仰、宗教、道德、伦理、风格及习惯等思想意识和行为方式的总和。在某种程度上，民族文化是一种心理积淀，这种心理遗传基因在很大程度上以内化的形式影响着消费者对事物的认知。它是一种心理图腾，是消费者接受信息的参照物，消费者按照这一参照物对广告信息进行选择性记忆与重构。所以，在广告作品中常常反映民族文化以期符合消费者民族文化心理，引起广告受众的注意，获得良好的认知和认同，完成最终的广告目的。如台湾有一首家喻户晓的汤圆广告歌曲："卖汤圆，卖汤圆。小二哥的汤圆是圆又圆。一碗汤圆满又满，三毛钱呀卖一碗。汤圆，汤圆，卖汤圆。汤圆一样可以当茶饭。哎嘿哎吆。汤圆，汤圆，卖汤圆，汤圆一样可以当茶饭。"这则广告将民族乐器和民歌形式引入作品中，朴素自然的音乐表达了极强的民族风情，将民族音乐与汤圆巧妙结合，唤起消费者的民族情感，颇受消费者的好评。

　　尽管不同的民族之间具有文化差异，但由于人类精神世界的统一性和社会群体生活的普遍性，人类同样具有跨民族的共通性情感和共通性文化。如，可口可乐一直以颂扬美好人性为广告文化主题。"青春活力，健康向上，尽享自我"的人类感情，同样可以加强与全世界人民的心灵沟通。麦斯威尔咖啡的广告语"好东西要与好朋友分享"让消费者体会到的不仅仅是咖啡的味道，更多的是朋友间的友谊和关怀，这种对人生积极进取的态度，对于真、善、美的追求精神是没有民族和国家的界限的，它是全世界人民的共有财富。

（三）东方文化与西方文化

　　中国社会处于市场经济下的工业文明，它逾越了原始文明与农业文明的天然封闭性，各种文化意识和精神产品流入消费市场，其中西方文化的传入更是文化发展的必然。伴随着中国的开放和国际化进程，西方社会的价值观、消费观、生活观等外来文化涌入中国人的生活，不同程度地影响了人们的思维与行为，形成了中西文化交融、并存的局面。文化存在形式的多样化必然反映到广告文化内容上，因此反映东西方不同文化的广告作品应运而生。东方文化和西方文化是两种特点和表现形式都不尽相同的文化力量，但每一种文化都有其固有的感染力和号召力，不同的广告受众对这两种文化也各有偏爱。又由于产品特点各不相同，广告要选择东西方文化中最有力的交汇点，既与自己产品属性自然的相关联，又能与广告受众充分互动，用最恰当的文化亮点烘托产品的内涵。

　　东方文化讲究人要适应自然，顺应天时，只有天人和谐才能万事兴顺，人与天是统一的。西方文化认为只有征服了自然人才能得以发展，屈服于自然之下的个体，就会面临被淘汰的危机。因而提倡个人奋斗，提倡个人在社会中充分表现自己的外倾性格。例如耐克的运动鞋广告使用飞人乔丹做形象代言人，因为他就是通过奋斗赢得自我价值的现实例证。整个广告体现了极强的个人奋斗精神。这样的广告文化会吸引崇尚奋斗、追求超越自我的消费者，激起他们内心的感情认同，促成广告传播目的。

（四）积极文化和消极文化

广告是一种特殊的社会文化现象，由于社会秩序的外在约束力量和社会对广告的正面利用，广告传达了积极、健康的文化理念，表现了人性美和自然美，倡导进步的道德规范，参与了文化建设进程。这是广告的进步也是时代的进步。但广告更是商品经济的产物，始终都要以商业目的为最终目的。商品经济的缺点和消极面就会在商业广告中表现出来，广告文化的消极影响是商品经济消极影响的延伸。为了实现经济收益，广告主尽量在最大限度内激活人们的潜在购买力，缩小投入与产出的比例。因此，难免在追求经济效益的同时弱化了广告的社会效益，有的广告体现了消极的文化观念。如，在男式服装的广告中，强调男人应该好好享受，在昏暗的酒吧中，酒和骰子成为他们的享受，而女人更是这些享受中不可缺少的因素，这无疑宣扬了过度玩乐的不良消费倾向。

广告文化从古代走到当代，经过了巨大的嬗变，这种变化既显示了它已有的生生不息的生命力，又昭示着它将来的勃勃生机。未来社会是一个多元、开放、自由的社会，广告文化的生存环境和生态空间都会有不同的变化，我们相信它会有更加宽广、更为自由的发展平台，运用自己独有的表达语言书写未来的发展历程。

第二节　作为意义制造的广告

一、虚假需要与异化

作为消费者的大众，有时候并不知道自己想要什么，不懂得科技会将我们的生活导向哪个方向？于是就引发了下面我们要讲的由广告商所制作的虚假需要。

广告批评者称，商人将广告作为一种工具来操纵并控制消费者，使他们渴望购买一些本来不需要的东西。制作这样的需求，在于资本主义作为一个体系所固有的一种动力，就是要让成堆的商品都卖出去。生产商们为了避免滞销而陷入经济困境，就不得不确保生产出来的产品必须卖掉。而广告正是生产商企图用来为他们的产品制造出足够的消费市场的一种主要武器。为达此目的，广告在人们中间制造出一些虚假需要而不是消费者自身的需要。不同学术背景的学者们看起来都赞同这一观点，而影响最大的是马尔库塞。

在马尔库塞看来，物质需要并不是人的本质需要。人和动物的不同之处，就在于人非但不满足于物质享受，而且力图摆脱物的束缚，追求更加高尚的境界。而在现代社会，人们却把物质需要当成了自己最基本的需要。马尔库塞认为，这种不是基于人的本质需要的"虚假需要"是由资本主义社会强加给人们的。这种虚假需要是资本主义必要的控制装置之一，一再唤起新的需要使人们去购买最新的商品，并使他们相信他们在实际上需要这些商品，相信这些商品将满足他们的需要。结果虚假需要把人完全交给了商品拜物教的世界，并在这方面再生产着资本主义制度。人们一旦陷入这种物质至上的"虚假需要"，便把自身的需要与商品体系"一体化"了。这种一体化集中地表现为"需要一体化"。现代资本主义社会的延续和发展，需要大量的消费它生产的产品，现在它成功地把这种需要转化为普通人自身的需要。这种需要一体化又产生了利益一体化。当个人把社会的需要变成自己的需要，也就同时把个人的利益同整个社会的利益结合在一起。这样一来，统治者的统治从表面上看起来就不再仅仅是，或者说不再首先是维持某些特权而已，而好像是在维护全体人的利益。一旦个人把自己的需要与商品体系认同，他们便不再能否认自身，这样他就彻底失去了挑战既定社会秩序的能力。在马尔库塞眼里，广告无疑是制造虚假需要的能手。在他的《单向度的人》中，他又一次区分真实需要与虚假需要时提到了广告。

他说，现在大多数需要，如"按照广告来放松、娱乐"。例如手机不再仅仅是通讯工具，而是身份的象征，时尚的代言，你不想成为一个过时的人，就要不停地赶着潮流走。现在人们使用苹果手机是一件很潮很牛的事情，是代表一个人的身份和品位的。广告发生的影响的这个过程是不以自己的意志为转移的，我并不能单方面拒绝这种影响。也许我对自己的旧手机装作满不在乎，但是你周围的朋友却会通过开玩笑的方式提醒你："你的手机真好，可以当武器防身。"为了不显得孤僻怪异而引起别人的注意，我也会产生换手机的想法。我的这种被刺激而产生的需要明显是一种异化的需要，它是从属于生产商和销售商的利益的。加尔布雷斯曾一针见血地指出：当代资本主义正是通过价格、通过广告和市场营销，通过各种各样的技术和策略，不断地制造需要。因此"这种需要，事实上是生产的产物"，资本家"事先通过广告和营销积极地创造出需要，需要依赖于生产"[①]。

二、作为拜物教的当代广告

"拜物教"在辞典中有两种含义，一是与"拜神教"相对而言，指灵魂观念尚未明确产生之前，原始人把某些特定物体当作具有意识的物体而加以崇拜的宗教，原始人认为对这些物体祈祷、礼拜或祭献，就可以获得福气与保护，而亵渎了这些物体，就有可能带来灾难，比如图腾崇拜。拜物教的另一种意思是由这一基本意义引申过来的，用来比喻对某种事物的迷信，如商品拜物教、货币拜物教、资本拜物教等。

---

① 罗钢，王中忱．消费文化读本［M］．北京：中国社会科学出版社，2003：14.

本来，商品在人类社会生活中是为人使用，为人服务的，但在资本主义社会，商品已不再是一种简单的物的存在形式，它已经从人类生活中被分离了出来，成为某种神秘的、不透明的、异己的对象。商品拜物教颠倒了人与商品的关系，使人成为商品的奴隶。进一步，商品的无处不在，使得异化也就弥漫了整个社会，正如霍克海默和阿多诺所说的："自从自由交换结束以后，商品就失去了它的经济性质，而有了偶像崇拜性质，这种偶像崇拜的性质一成不变地渗入了社会生活的各个角落。"

商品拜物教的另一个方面就是挖空商品的意义，藏匿真实的社会关系，通过人们的劳动将社会关系客体化于商品中，然后通过广告再使虚化的/符号的社会关系乘虚而入，在间接的层面上建构意义。生产已被掏空，广告重新填充。真实在虚幻的掩饰下已经无影无踪。在当今社会，由于社会分工的进一步细化甚至国际化，人们更加无法看到生产的整个过程，于是商品的生产被掩盖的更深了，它也就更加缺乏意义，当生产的社会意义消失以后，市场的社会意义才显现出来。皮囊中空的商品形式，终归需要有某种意义加以填塞，而不管那意义有多么肤浅。

如果我们知道漂亮的、代表幸福与可爱的鞋子和儿童玩具是由第三世界国家的血汗工厂里的工人生产；这些人每天要工作 14 个小时才能获取维持生存的基本工资；恶劣的生产条件和安全条件，高强度长时间的工作使工人们有极高的自杀率和伤残率。2010 年 1 月 23 日富士康员工第一跳起至 2010 年 11 月 5 日，富士康已发生 14 起跳楼事件，大家在指责富士康的管理，在关注富士康这些年轻的员工的工作环境和心理健康的同时，是否忽略了他们生产的产品最终会成为什么样的商品呢？富士康作为一个电子产品的代工厂，包括电脑、手机、笔记本、汽车等众多品牌的零件是由富士康生产的，也就是由这些年轻的工人生产的，是他们的血汗，而作为消费者，又怎么会知道自己开的汽车是在哪些工人的血汗中生产的呢？消费者只知道这款品牌的性能、排量然后上升到环保、身份等广告赋予的市场意义。

在这种意义上，广告确实是一种拜物教。它的呼风唤雨的力量是由于商品的生产过程被掩盖而带来的意义的缺失。处于意义的真空状态的商品于是只能接受广告符号的任意编码和摆布。

第三节　广告符号的运用与文化嫁接

一、广告意义创造的符号学解释

符号学的研究往往涉及构成信息的符号系统及信息的传递，其中心议题是符号的功能及意义的产生过程。广告实质上是一种符号的传递行为，它通常由两部分组成——创造过程和接受过程。在创造过程中，讯息发送者把既定信息进行编码而成为广告中的各种符号；在接受过程中，广告受众通过解码，即解读广告符号而接受信息。然而，意义并不是早已存在于所指之中，等着受众接收。实际上，在接受过程中，我们经常重新创造意义。从符号学角度来看，这种新的意义的创造往往是通过符号的意指和符号的重组来完成的。

（一）意义的嫁接和转移——符号的意指

索绪尔从语言学的角度将符号定义为能指与所指的关系。任何一个符号都包括了能指和所指两个部分，符号是由能指与所指组成的统一体。对于广告而言，能指是广告中出现的各种语音、文字或图像形式，而所指则是广告所要表述的信息内容。广告的主要目的是突出其信息内容以打动潜在消费者，因此广告重视用能指强化所指、突出所指。

能指和所指的结合构成了符号论的原点。索绪尔也将能指和所指之间的关系称为"意指"。从符号学的角度看,广告中最常见的意义创造手段就是意义的嫁接。也就是说,把一种与某个产品(符号学上说的能指)并不具有必然联系的意义(所指)"嫁接"到该产品。

在广告中所出现的被推销商品和人物本身是一个能指(能指1和能指2),指代现实世界中的某商品和某个人(所指1和所指2),但是此商品和人又可成为一个能指(能指3和能指4),指代商品与人所具有的某种特性、意象(所指3和所指4);然后,在广告的影响下,特别是在广告中的隐喻和借喻的影响下,我们通过解码把这种意义转到了商品身上,即将所指3和所指4等同起来。这种意义的嫁接和转移之所以能够成功,基本的原因是广告中的某个符号(尤其是能指2)拥有某些意义可以被转移。

这也就是说,广告中符号的运用并没有把符号预设为对一种"实在之物"的指示,而是将它预设为能指的任意关联,来设立一个新的能指并创造出一个能指链,以将某种特性或价值转移到所推销的商品上。因此,如果某则广告显示的是一张手拿香水瓶的美丽女士的照片,那么它不应仅仅被看成是表示女士和香水的意义,而是构成了一个符号系统。符号的意义在于系统内符号与符号之间的关系。这位女士的意象指示着"品味、美丽、优雅",而香水瓶则指示某品牌的香水,这两个主要的能指放在一起会让观众将这位女士所指示的特性转移到香水上,也就用一个所指代替了另一个,并且创造了一个新的隐喻意指:某品牌的香水=高品味+美丽+优雅。正如博德里亚尔所说,"产品本身并非首要的兴趣所在,必须在该产品上嫁接一套与该产品没有内在联系的意义才能把它卖掉"。这样,消费这种产品与消费一种意义(常常是一种非商业化的、非功利的意义)就被牵强地、但常常又是不被知觉地联系起来。

（二）新意义的创造——符号的重组

索绪尔主张符号很少以独一的单位来创造意义，而必须与其他符号关联起来创造意义；同时，他也强调意义来自于能指之间的差异，而这种差异可以分为两种——横组合和纵聚合。对于纵聚合关系，索绪尔也将其称为"联想关系"。雅柯布森也将这两方面称为"轴"——横向的组合轴和纵向的聚合轴。

横组合指的是文本内部所共存的符号能指之间的关系。一则广告首先是各种符号的横向组合，不同的符号能指组合在一起产生了广告传达的逻辑意义。比如大多数的厨具和烹调油的广告都会选择将所推销的产品与满意的家庭主妇，而不是男士组合在一起，这是因为在很多社会文化体系中，女性往往在家庭中承担了大部分的家务劳动，母亲的形象往往是善于照顾家人的、慈爱温馨的，这样的女性形象是幸福家庭的象征。通过这样的组合，就构建了一种新的意义——使用了这种产品就可以更好地照顾家人，使家庭幸福。此外，广告的成功之处也在于对符号纵聚合关系的巧妙利用。纵聚合指的是文本内的符号与文本外的符号的互文性。

广告的互文性将显现的广告与隐于其后的某个文本相连，以传达广告的联想、隐喻或象征意义。Gerard Genette 认为互文性包括引用、借用和典故而其中在广告中最常使用的就是体裁细节互文，通常表现为对一些谚语或俗语、著名的人物或事件以及名著或名言的引用。广告中的这种细节互文不仅仅是对原文的简单引用，而且是一种创造性的利用，意在将原文已经具有的影响力和号召力投射到广告产品中。比如一家德国的香槟酒生产商将其产品命名为"Rotkäppchen"（小红帽），而且自从20世纪初开始，每一瓶酒都有一个红色的瓶盖。这样就会让人们将这个品牌的酒与小红帽的童话故事联系起来，联想起小红帽带着一瓶妈妈准备的好酒去看望生病的奶奶的情景。而童话故事往往创造的是一个充满了心愿和希望的完美世界，这一点正好符合广告商的需要，因为广告商总是将他们的产品描述为一个有好运才能拥有的东西，而且拥有它就拥有了幸福。在现代这个人们总是希望自己的愿望能够立刻实现的消费社会，利用经典的童话故事，广告商往往可以创造出一个以购买或拥有某产品为中心的完美世界。因此，当消费者读到这个香槟酒的广告，看到产品时，就会想起童话故事里幸福完美的结局，因而下意识地得出结论：此广告产品一定是他们最佳的选择，从而对这个品牌的酒产生好感，并在此产品中融入了新的意义，进而会将这个品牌的酒当作馈赠亲朋的最好礼物。

因此，从结构关系看，广告正是依赖于各种符号能指的横组合关系和纵聚合关系，即广告中的能指的选择、组合和排列，构建了新的意义，以实现品牌意义的转化。因为符号学的基本思想是：在大众文化传播的背景中，每一个具体的东西都可以被抽象成一个独具意义的文化符号，而这些文化符号经过组合后又会产生独特意义。

二、名人符号的意义嫁接

名人符号是特定社会结构与意识形态的表征，任何时代都不缺乏对名人的关注，但是在消费社会这一特定语境中，名人问题值得进一步深入探究，理由主要有两点：一方面消费社会"名人"是社会关注度极高、影响力极大的文化符号。著名的诺贝尔奖获得者赫伯特·西蒙在对当今社会形势做出分析时指出："随着信息的发展，有价值的不是信息，而是注意力。"[①] 工业社会泛滥的信息传播，使社会关注已经成为稀缺资源。消费社会名人符号由于占据注意力这一稀缺资源，对社会文化影响极大。在中国新锐时事杂志《新周刊》一期关于"如何贩卖中国文化"的专题中，北京大学张颐武教授语出惊人："要像重视孔子一样

---

① 注意力经济［EB/OL］．http：//wiki．mbalib．com，2009－05－02．

重视章子怡，中国文化才会有未来"①，把名人问题一下子抬高到中国文化在海外推广这样的命题高度。电影明星章子怡或许未必能够代表中国文化，但我们却无法忽视名人符号对当代文化建设与发展将具有不可低估的重要作用。另一方面，已有的社会调查表明，名人符号内涵正在发生根本转移。不管人们是否愿意，人们已经对政治名人、传统文化名人的兴趣出现了弱化，所谓熟视无睹。社会识别率最高的倒是体育明星、歌星、影星等。名人明星化、娱乐化已经成为市场经济国家的一个基本发展趋势。消费社会名人内涵的这种转向，以及它在社会生活中极大的影响力、关注度，引发我们思考。

（一）名人符号的外延与内涵

符号学，是一门对人类意指现象加以分析的学说。学界一般认为现代符号学产生于 20 世纪初，是由瑞士语言学家索绪尔和美学哲学家皮尔士共同创立，他们分别代表符号学在欧洲与美国的两个发展分支，两人分别从语言学与哲学的角度提出建立符号学的构想。20 世纪 50 年代，符号学开始在世界范围崛起，不断与各个学科、各种学术流派结合，影响不断扩大并逐渐涵盖整个人文与社会科学领域。

符号学研究最早由于索绪尔的影响，主要运用范围在语言学领域，但很快便穿过语言研究藩篱，转向非语言现象——广阔的社会文化领域，成为当代重要的文化理论分析工具。法国学者罗兰·巴尔特最早将符号学运用于时装记号系统等大众文化领域，取得突出成果。之后，符号学被广泛地运用到其他各个社会领域，对 20 世纪的文化理论研究产生深远影响。在当代社会理论研究的重要成果中，如霍尔的文化解码理论、布迪厄的场域理论、波德里亚的消费社会文化理论、巴赫金的话语理论等，均可以窥见符号学的踪迹。用符号学研究文化，它的长

---

① 北大教授：要像重视孔子一样重视章子怡，中国文化才会有未来［EB/OL］.四川在线——华西都市报，http：//www.wccdaily.com.cn/epaper/，2006－05－10.

处在于"策略上超越了传统的经验因果性理解的水平，转向表达面和内容面的意义结构的问题和文化信息交换过程的问题，从而对文化现象做出了更精细的描述。"① 它的基本分析方法是从最小的意义单位——符号着手，进而分析符号的组成规则，从而以精确的形式分析取代传统文化研究笼统、主观印象式分析，促进了人文科学研究的理性、科学与现代化。将文化符号学的基本理论引入当代名人广告文化研究，将在认识论方面为我们提供一种新的视野。

关于这一讨论可以从"符号"着手。什么是符号？赵毅衡在《文学符号学》一书中给出的解释较为符合一般符号学的观点——即将文化作为全部研究对象，他指出："符号，即发送者用一个可感知的物质刺激（能指），使接受对方能约定性理解某种不在场或未出现的某事物（所指）的一些情况。"② 那么名人符号的意指事实似乎是一目了然：能指是名人的名称、形象、声音等；所指是名人本人。例如：号称美容大王的香港明星"大S"徐熙媛，作为一"名人符号"，能指就是"大S"这一代号、徐熙媛这一名字，或者是她的形象、声音等；所指则是她本人。这便是名人符号最基本的意指事实，它符合普通人对名人的认知，因为在普通人眼里，名人形象与名人本人是合一的。在现代追星现象中，追随者"粉丝"（fans）通常会以能指代替所指，在不能亲身接触明星的时候，以收集明星各种图片、音频、视频、各种新闻报道乃至任何明星遗留的物品为乐趣。一个较有名的例子是杨丽娟对刘德华的追随和崇拜。杨丽娟在对偶像明星刘德华长达 20 年的追逐过程中，直接接触次数少之又少，但在 20 年时间里杨丽娟对刘德华的感受却是真实的。这便是以能指代替所指、以符号形式代替真实事实的典型表现。是否这一基层符号系统就是名人符号的全部内涵呢？答案是否定

---

① 李幼蒸．结构与意义：人文科学跨学科认识论研究［M］．北京：中国社会科学出版社，1996．

② 赵毅衡．文学符号学［M］．北京：中国文联出版公司，1990：4．

的。从文化研究的角度，名人符号研究并不关心由声音、名称、形象与生物个体相结合的"名人"，如果要加以研究，那至多是生物学家的事。基层符号系统能指与所指结合所形成的名人符号，事实上只是一个空洞的名人能指，只是名人符号加工的基础材料。只有当这一能指形式被史家、大众媒介选中加以书写并成为社会关注的对象时，才能成为文化理论范围探讨的"名人符号"。换言之，名人符号研究所指向的对象是指与"名人"效应相伴随的社会文化现象，或者说是包含特定历史文化言说的"名人"。

（二）消费社会名人符号叙事类型

消费社会大众传媒与广告合谋，共同制造了以下三种类型。

1. 偶像神话型

以名人为主体的偶像神话是今天大众传媒尤其是广告中一种常见的文化现象，也是我们时代最具浪漫色彩的文学文本。不同的名人符号集中了不同人群的欲望或梦想，现实的客观规律被放置在一边，他们要么天生是上天的宠儿，轻而易举获得我们所渴盼拥有的一切；要么具有某种不可思议的超凡的勇气和忍耐力，重重人生磨难只是突现他个人品格的伟大。不管怎样，他们永远具有某种独特精神气质与内涵，成为我们时代大众膜拜与喜爱的对象。

偶像神话型名人符号通常为商品品牌所喜爱，通过这样一种名人符号象征，商品便提升、具有了原本不具有的某种独特精神气质，展现了一种非商品化的文化艺术信息与精神文化内涵。通过这种方式一方面获得目标顾客群体的心理认同，另一方面提升了商品的精神内涵，让受众因为品位而自觉自愿付出更多的货币。蒋荣昌先生曾谈及一个精彩个案："迈克尔·泰森在臭名昭著之前，肯定是男人们的英雄。这个在 18 岁之前生活在最黑暗角落，看起来最毫无前途的黑人，凭借自己的勇气、力量和努力，在世人面前制造了惊人的成功。"① 但事实上在泰森神话背后是美国职业拳击赛需要这样的一个让男人可以接触到自己的梦想的英雄。

2. 肥皂戏剧型

除了大量"偶像神话"之外，还存在许多类似肥皂剧的"名人符号"，王菲生孩子、陈冠希"艳照门"、汪小菲与大S的"大小恋"、北大教授张维迎与某教授人事纠纷，都属于此类名人叙事。故事常常有开头、有结尾、并且高潮迭起，不时传来一则消息就像身边上演的电视剧，引起无数观众围观，人们茶余饭后对此品头论足、不亦乐乎。这实际上是消费社会另外一种消费"名人符号"的现状。它们的作用类似于小说、电影或电视的"八卦嚼舌"功能，满足了消费社会大众的好奇心理。

肥皂戏剧型的名人符号在波德里亚看来不过是一场文字游戏，一种真实的"幻影"，用他的语言来说就是"我们从大众交流中获得的不是现实，而是对现实所产生的眩晕"。② "消费者与现实世界政治、历史、文化的关系并不是利益、投资与责任的关系——也非根本无所谓的关系：是好奇心的关系。"③ 与波德里亚的哲学式语言相比，赵毅衡先生对此的阐释相当通俗："先前的社会，邻里串门，飞短流长，每个人都是本村名人。现在的城市居民，需要隐私距离，互相不便接近。于是电视报刊代替三姑六婆，'实拍节目'代替了窥视邻居。最后，大家都认识的人物，只能是娱乐明星。"④ 工业社会结构过于松散，此类名人符号叙事满足的仅仅是人们的好奇心理和窥视欲望。

---

① 蒋荣昌. 消费社会的文学 [M]. 成都：四川大学出版社，2004：178.

② [法] 让·波德里亚著，刘成富等译. 消费社会 [M]. 南京：南京大学出版社，2000：12—13.

③ [法] 让·波德里亚著，刘成富等译. 消费社会 [M]. 南京：南京大学出版社，2000：12—13.

④ 赵毅衡. 谁是名人 [J]. 散文百家（杂文），2005（4）.

3. 恶搞反叛型

恶搞反叛型类名人符号最有效地会出现在网络时代,其代表人物有贾君鹏、芙蓉姐姐、凤姐、犀利哥、小月月等,是大众以网络互动的方式公认的名人,是通常所说的"草根名人"。其典型特征是标新立异,突破传统,诙谐幽默搞笑,带有强烈的娱乐色彩。他们是后现代文化的一种典型表征,成为解构宏大叙事的无厘头、无意义的"语言游戏"。面对主流媒体传播的精英文化和主流价值观,恶搞文化更是一种抗议的仪式——对主流文化和价值观的一种流于表面的讽刺和奚落,彰显出自身的个性,娱乐大众。对于这种"名人符号"争议颇大,有人主张"封杀"以抵制,有人高喊"民主"以宽容。相比较而言,有学者的观点较为宽容:低俗也可能是一种生活方式,也可能反映民众的人性需求。

综上所述,名人符号是特定社会结构与意识形态的表征。消费社会符号消费逻辑改变名人符号生产机制与内涵所指,使名人符号的生产机制由意识形态宣传、公共知识传承转向娱乐化、大众化,自身沦为一种可以消费的商品,同时造成信道资源被抢占、无效信息的广泛传播与信息污染等一系列问题。在分裂破碎、结构松散的后现代社会里,名人符号也是一种联结社会的工具与纽带。

消费社会大众传媒与广告主要制造了三种类型的名人叙事偶像神话型、肥皂戏剧型与恶搞反叛型,形成了文化传播中的一种特殊的形态。面对消费社会这种名人现状,有人从精英角度批判文化的堕落与无深度,有人赞扬它的宽容与民主。但是不管怎样,消费社会正随着市场经济全球化的步伐不可阻挡地前行。如何对待消费社会这种名人文化,或许20世纪伟大传播学家伊尼斯的话非常具有警世作用,他说:"考虑媒介对各种文明的意义,可以使我们更加清楚地看见我们自己文明的偏向。

无论如何，对我们自己文明的特征，我们可能抱更加谦虚的态度。"[①] 在主流文化与精英文化占据主导位置时，或许不应当封杀一切所谓的"低俗"符号，毕竟那也是我们生活的一种样态。而在消费社会文化追求空间拓展、忽视传统文化传承时，或许应该思考如何在商业化大潮中建立对传统精英文化的保护机制，否则我们无法设想几代人追逐娱乐明星之后，我们社会文化会是怎样一种社会现状。

第四节　广告的主流文化之维

一、主流文化概述

主流文化是指，一个社会、一个时代所倡导的、起着主要影响的文化，它对于宣传正义、弘扬正气、驱逐邪恶，并在用文化传播等形式占领主流意识形态方面负有艰巨使命。我国的主流文化是具有中国特色的社会主义文化，是对马克思主义文化观的继承、发展和创新。

而主流文化之所以能称之为主流，并承担起它所应具有的功能，首先应该被大众所接受，才成其为"主"，而且要与时俱进，注重流变，才成其为"流"。

二、广告与主流文化的关系

当今，中国的文化产业建设正在如火如荼的展开，电影、电视、广告等大众文化形式正在以各种喜闻乐见的形式展示在公众面前，其中所包含的娱乐性、商业性、技术性特征更加凸

---

① ［加］哈罗德·伊尼斯著，何道宽译．传播的偏向［M］．北京：中国人民大学出版社，2003：译者序言 VII.

显，而其主流性却出现了边缘化趋势。

在 2010 年人民论坛杂志关于主流文化的调查结果中显示：55.7％的受调者认为主流文化边缘化现象严重或比较严重；73.6％的受调查者认为"主流文化缺乏现实关怀"；54.3％的受调查者认为主流文化"宣传的多，说教的多，难以打动人心"……主流文化怎么了？大众文化离主流文化究竟有多远？

这样的疑问同样适用于广告，广告作为一种特殊的交际方式，也以文化的方式影响着人们。在中国社会主义文化大背景下，广告作为一种文化行为，或遵从主流文化的引导，倡导积极向上的生活方式；或特立独行、创意先行，在极力讨好受众的同时，在某些形式与思想上背离了主流文化的方向，对社会受众产生消极的影响。结合具体广告分析，可发现广告与主流文化的关系表现为以下两个方面。

（一）广告对主流文化的顺从与迎合

主流文化作为一种正义、正气的倡导，包含着其意识形态特征即导向功能，在泛娱乐化的消费时代，主流文化不能再以单纯的说教进行展开，而应潜移默化的融入大众文化的浪潮中去。

广告作为一种特殊的交际行为，其中隐含着交际双方地位的不平等和目的的特殊性。这就决定了，广告在传播过程中，对受众价值观、生活习惯、思考方式的迎合与引导。当今广告已不再是单纯的产品信息宣传，也不能靠单纯的好口才的推销，而是要和目标受众进行情感的、价值的沟通与交换。广告背后所代表的商家，所需要的已不是单纯的一次性交易量，而是长期的品牌意义的架构与文化的沟通。从这个意义上讲，企业在进行广告创意时，除了其自身的产品特征外，还要注重自身品牌的文化建构与社会文化价值之间的关系。例如，可口可乐一贯的倡导的"企业公民"理念，其广告宣传，以红色中国风为主要基调，塑造祥和、团结、欢乐的广告氛围，并长期致力于公益事业及公益广告的发布。蒙牛提出"每天一杯奶强壮中国人"的广告语，从自己的事业出发，落脚到国家实力的提升，展现了作为企业所应具有的社会责任和爱国之心。腾讯公司"12年相伴"的广告片中，以母子之间的沟通故事为主要内容，提出"弹指间，心无间"的诉求理念，在突出企业沟通功能的同时，加入了亲情之间的爱与关心，打动了无数相似经历的年轻人的心。在农夫山泉的广告中，提出二十年如一日，农夫山泉坚守"从不使用城市自来水"的理念，始终坚持水源地建厂，水源地生产，确保每一瓶农夫山泉的天然健康品质。突出"我们只做大自然搬运工"的品牌诉求。

从以上案例可以看出，企业在宣传自己的产品的同时，不忘自己的社会责任，将自己的企业文化融入社会主流文化之中，与大众共鸣，达成共识。

（二）广告对主流文化的背离

并不是所有广告人都以自己的社会公民第一位作为制作广告的先决条件的，很多广告为了标新立异，凸显其个性化特征，以至于某些广告在其表现形式和思想内容上，背离了主流文化的轨道，表征为以下两类。

1. 广告对女性形象的刻板展现

随着经济的发展，技术的进步，越来越多的女性都走上社会，从事着和男性相同的工作，成为社会主义事业建设的主要力量之一。但仍然有很多广告中的女性形象却仍然延续着传统的、封建的甚至原始性需求的文化表征，表现出刻板、单一、符号化、物化的女性形象。

从广告中女性从事的角色中看，其中百分之五十以上是家庭妇女的角色，例如在大多数的日用品、婴儿用品、女性用品的广告中，女性多为家庭妇女，承担着家务劳动，包括做饭、洗衣、照顾孩子等工作，并对相关产品进行功能、价格、特点等方面的介绍。这时女性的角色所表征的符号意义就是中国传统价值观所倡导的贤妻良母，在广告中的女性是一个母亲、妻子、媳妇，而不是她本身，女性的价值意义，也体现在她所从事的家庭角色中。

在表现社会职业女性的广告中，女性所从事的职业也大多停留在一些典型的职业中，例如：空姐、模特、秘书、歌手、学生等，而广告中对他们的展示，不是职业技能和心理素养，而更多的是美丽的面容、优雅的身姿。例如，一些手机、汽车、房地产广告，这时，广告中的女性形象是吸引男性眼球的工具，是让女性消费者羡慕观看的"物品"。女性的符号意义不是她的工作能力和技术水平，不是她的智慧和历史成就，而是美的角色，时尚的宠儿，是漂亮的、苗条的、吸引人的，是被物化了的美女。

事实上，早在五四运动开始，很多知识女性已经开始意识到自己的社会性与独立性。在宣扬自由、平等、博爱的同时，越来越多的女性开始积极参与各种社会工作，和男性一起承担起社会、家庭的责任，女性已经不再是封建社会下男性的点缀与附庸，她们拥有独立的人格与尊严，是我们社会主义事业建设的主力军之一。而在上述广告中，却忽略了女性的主体性与独立意识，仅仅抓住女性的外表或女性的家庭工作这一特点大做文章，背离了主流文化对女性人格与能力的肯定。

2. 广告对年轻人偏离主流方向的引导

第二次世界大战后，西方对年轻人的研究表现出极大的兴趣，在英国的亚文化研究中，他们较多针对"第二次世界大战"后英国不同青年群体的外貌、行为及其想要表达的意义进行亚文化的解释，尤其是工人阶级青年亚文化群体，通过研究他们"惊世骇俗"的外貌（穿着打扮）和行为（往往被多数人视为具有异端性和威胁性的），把他们的这种亚文化认同和礼仪看做是年轻人对主流文化的反应与抵制。①

　　在中国，从"80 后"这一名词诞生之日起，人们对独生子女一代开始的年轻人表现出更多的关注与期待，而年轻人作为消费群体也表现出独特的市场魅力引起广告主的青睐。各种年轻人专用的电子产品、电子服务业务、日用品、食品、饰品、文化用品等纷纷崭露头角，在各大主流媒体及网络等新兴媒体上亮相。然而，这些以年轻人为主要诉求对象的广告中，大多标新立异，以另类独特的诉求点吸引年轻人的关注，引起年轻人共鸣。正如亚文化研究中对年轻群体的关注一般，现代广告也在投其所好，将亚文化的象征化概念贯彻到底，仪式化的偏离甚至反抗主流文化。

　　例如，oppo 手机的 u like style 系列广告中，女主角为了享自由，贸然辞职，投入到大自然及人文旅游景观的怀抱，达到"做你喜欢的"广告诉求。这样的广告诉求为了迎合刚走上工作岗位的年轻人对社会、工作、束缚不适应的现状，从而离开喧嚣奔向自由的心理。这样的广告诉求且不说它与产品本身的切合点，单从广告宣扬的思想内容而言，对于学校毕业后刚刚走上就业岗位的年轻人而言是一种误导，不利于年轻人坚强地面对新的环境与挑战，勇敢的融入新的社会工作环境当中。这样类似的广告着力于凸显年轻一代标新立异、特立独行，却忽视了他们的社会与家庭的责任，在极尽讨好的同时，偏离了主流文化对年轻人的引导方向。

　　由此可见，广告绝不仅仅是一种商业行为，即便它的初衷如此，但它的影响已潜移默化的通过文化的方式深入人们生活中的点滴，甚至影响着人们对问题的看法与思考方式。所以，我们对广告的认识也绝不能仅仅停留在商业的促销与商品信息的传播层面，而应该从社会、家庭、人的视角去探析，深挖广告的文化意涵和社会影响，在社会主义主流文化的引导下，创

---

① ［美］约翰·费斯克著，李彬译．关键概念［M］．北京：新华出版社，2004：281、282.

作出优秀的对人类有益的广告作品。

第五节　新媒体环境中广告受众的主体性

随着互联网技术的发展，我国互联网 Wi-Fi 覆盖率的提升，3G 技术的成熟和 4G 技术的迅速发展，智能手机市场的稳步发展，互联网应用的更加丰富，有力推动了我国互联网的普及率，带动了我国移动互联网的覆盖率，同时增加了用户的上网频率，进一步满足了网络用户随时随地上网的多方面需求。

根据 2014 年 7 月 "中国互联网络发展状况统计报告" 显示，一方面，我国的互联网用户的人数众多，截至 2014 年 6 月，我国网民规模达 6.32 亿，互联网普及率为 46.9%。[①] 网民所占比例已经接近全国总人数的一半，在消费的量上有着重大的比例。另一方面在人群年龄构成方面，我国网络用户以年轻人为主，其中 20～39 岁用户的比例达到 54.1%，是受众群体中较为活跃的群体，他们具有一定的消费能力和较大消费潜力，容易接受新的消费理念和消费方式，是我国消费市场的生力军。同时，伴随着新媒体技术的发展，互联网应用的深入和智能化，尤其是移动互联网的即时性、交互性、生活化、所供服务的多样性和综合性等特征，对消费市场产生了巨大的推动力和影响性，孕育着巨大的商业消费份额和消费潜力。新媒体环境中的广告受众从被动的接收信息变化为主动的获取信息与构建关系的过程。在广告传播过程中，只有充分认同并掌握受众在新媒体环境下的主体性特征，才能减少传播过程中的噪音干扰，增强传播的有效到达率。

---

① 中国互联网络信息中心．中国互联网络发展状况统计报告［DB/OL］，ht-tp：//www.199it.com/archives/257541.html.

一、新媒体环境下，受众的主体性特征

关于人的主体性研究，其根本问题在于分析人与世界的关系问题。思维和存在的关系本质上是人和世界的关系，它是人所特有的意识性的表现，而人所特有的意识性在其现实性上必然发展和表现为主体性，表现为人所特有的主观能动性，从而揭示出，人和世界的关系，从根本上说就是主体和客体的关系。① 人的主体性是人作为活动主体的质的规定性，是在与客体相互作用中得到发展的人的自觉能动和创造的特性。②

随着新媒体技术的发展和广泛应用，受众从传统媒体传播活动中信息的接收者发展成为媒体信息传播的创造者、加工者、传播者、接收者和评论者的总和，充分显现出作为人的受众的主体性特征。在新媒体环境下，受众的主体性突出表现为人的主动性，人与人在网络中各种社会关系的建立，并通过网络活动中游戏性的表达，实现人心灵的自由放逐。

（一）主动性

任何人观察和思索世界都不能不首先从人本身开始，自觉或不自觉地透过人本身去理解世界。人总是将自己这个主体抽象化、对象化，把它当作整个世界的缩影，借助这个思维模型去想象整个世界，因而也就在自己所理解的世界主体中映上了人的主体影象。③ 可见人的主体性是主动选择和主体认知的过程，是人主体性特征的主要体现。在新媒体环境下，受众的主动性主要表现为主动选择媒体，主动选择媒体内容两个方面。

"新媒体最重要的特征就是科学技术的进步所带来的数字化

① 李为善，刘奔. 主体性和哲学基本问题 [M]. 北京：中央文献出版社，2002：41—45.
② 郭湛. 人的主体性的进程 [J]. 中国社会科学，1987（2）.
③ 同上.

传播方式。"① 数字化的传播方式促成了新媒体与传统媒体的融合,打破了各媒体之间的壁垒,也打破了传统媒体线性传播的方向确定性与无间断性。在优质的媒体内容面前,受众不再是完全被动的受传者。在非线性传播的新媒体环境下,受众可以更自由、自主的选择接受媒体内容的时间、地点、方式,可以通过多种媒体形式接收媒体信息。例如,从前一档优秀的电视内容,只能在固定的时间、地点,通过电视媒体观看,一旦错过,只能期待电视台规定的固定时间转播。如今,受众有了多种媒体选择的可能性。电视台直播的节目,往往在网络、手机APP 上同步播出,不再受到时间、空间、载体的限制,而且,节目播出以后,受众可以自主的在网络、手机上进行点播,有了较强的主动选择媒体的能力。

另外,随着新媒体技术的发展,受众除了拥有选择更广泛多样的媒体权利外,更拥有了选择不同媒体内容的主动性和可能性。选择媒体并不是受众的真正目的,通过合适的媒介寻找自己感兴趣的内容,才是受众主动性的进一步体现。传播学研究中的"使用与满足"理论认为:受众的媒介接触活动是一种满足个人需求的活动,媒介信息能在多方面给受众带来满足,包括为受众带来有价值的信息的"实用功能",解除疲劳的"休憩功能",逃避现实生活压力和负担的"情绪转移功能",帮助听众人际沟通话题的功能,消磨时间的功能,强化个人对社会认知的功能。② 可见,受众在选择媒体内容时,是通过有意注意而形成的主动选择过程。在传统媒体的线性传播的影响下,受众仅具备选择有限媒体与媒体内容的权利。然而,随着媒体融合的进一步加速,通过移动互联网、互联网观看电视剧、电视台制作的真人秀等综艺节目已非常普遍,并呈现各种媒体互为信息营销平台,推动发展的局面。例如,2013 年 10 月 11 日由湖南卫视推出的明星亲子真人秀节目《爸爸去哪儿》,在开播前

---

① 喻国明 . 解读新媒体的几个关键词［J］. 媒介方法,2006 (5).

② 王晓华 . 广告效果测定［M］. 长沙:中南大学出版社,2004:13.

并没有进行大量的线上、线下宣传。而是在节目播出后，在优质、创新的节目内容基础上，借助了网络社会化媒体的开放性和互动性功能，制造话题，将其影响力无限放大。参看新浪微博的话题讨论量发现，在节目放映之前，受众对该节目的关注率并不高。但是当节目在电视台和网络视频平台放映之后，关于该节目的各种软文宣传和讨论出现在了视频、网络、微博、微信、社交网等多种新媒体平台上，相关的话题讨论出现了巨幅增长。在受众主动的传播、积极的互动下，该节目后来几期的收视率有了大幅度的稳步提升。可见，新媒体环境，不仅带给受众更丰富的媒介形态和媒介内容，而且受众可以通过更广泛、多渠道的信息，对媒介内容进行主观判断和主动的选择，从而赋予受众更主动、积极的选择权利和选择空间。

（二）游戏性

康德和席勒把游戏与劳动相对立。劳动是为了实用的功利目的而进行的活动，它的动力来源于人的匮乏。而游戏则正好相反，它的动力来源于人的精力过剩，它只是为了自身的目的而存在，即为了游戏而游戏。康德把自由看作是艺术的精髓，正是在这一点上，游戏与艺术是相通的。而席勒更把游戏所表现出来的自由看作是人的本质特征。游戏性，是人主体性特征的进一步深化与体现。正如席勒所说："只有当人充分是人的时候，他才游戏；只有当人游戏的时候，他才完全是人。"[①] 作为媒体传播受众而言，其媒体接触行为，也具备了游戏性特征。如斯蒂芬森所说："大众传播之最妙者，当是允许阅者沉浸于主观性游戏之中者。"[②] 斯蒂芬森的游戏理论强调一种站在受众立场上的自我参与式的主观体验，这种类似"游戏"的心理状态包含着自愿性、非功利性、时空独立性、规则制约性、身心愉悦性与不确定性等游戏特征。

---

① 朱光潜.西方美学史［M］.北京：人民文学出版社，1979：450.
② 柯泽，宗益祥.媒体只是受众自我取悦的玩具［J］.新闻记者，2014（2）.

斯蒂芬森所阐述的媒体接触行为中的游戏性特征在新媒体时代更为凸显。例如，网络游戏本身就拥有广泛的受众群体，人们在网络游戏中按照既定的规则，在各自独立的媒体平台上操作，又在虚拟的网络空间中相互合作、厮杀、建立各种关系，人们参与网络游戏本身是在自愿前提下为了身心愉悦等非功利性的无目的性，没有既定的目标和必须实现的劳动成果，又因为游戏发展过程中的不确定性，使受众在游戏中获得了快感。类似于网络游戏，受众在各种新媒体平台上的活动，除了必要的借助媒体完成的工作行为外，其他的上网行为基本属于无功利目的的自愿游戏性行为，按照媒体平台的既有规则，在彼此独立的媒体平台上进行各种操作，以获得不确定性的信息等内容，满足受众的多方面需求。例如，微信如今已成为很多受众如厕、睡前、闲暇时光中的游戏性媒体接触行为，人们在上面获得各种因自己感兴趣而关注的公众号和好友发布的各种不确定的信息，并通过自己发布信息，评价信息，与微信好友的互动，以获得自我存在感，并获得了建立、维护真实的线下社会关系的结果。

（三）互动关系性

人的主体性表现为人创造真正的社会联系，凭借这种社会的主体性，人才能以自己的活动作用于自然界，实现主体应有的生活、享受和财富。数字时代，Web2.0、移动互联网创造了传统媒体乃至传统互联网无法比拟的全新传播、营销生态——基于用户关系网络，基于位置服务，用户与好友、用户与企业相互连接的实时对话。新媒体技术的互动性特征，为受众建立、拓展、维护社会关系，建立了可能性。例如，通过人人网这个社会媒体平台，使得毕业多年，长久不联系的中学、大学同学，再次在网络上相遇、互动，通过互赠虚拟礼品、发帖子、点赞、评论、抢车位、贴罚单等不断更新的各种网络互动活动，彼此发生了新的联系，在真实的社会关系基础上，产生了新媒体环境下真实与虚拟交错的社会关系。

受众在互联网上广泛建立的这种社会关系，正如马克·格拉诺维特提出的"弱连接"关系那样，虽然不如和自己的亲人、朋友、同事间的"强连接"关系那样稳定，却传播广泛，具有低成本和高效能的传播效率。这种"弱连接"关系在受众的人际交往中，具备了提供信息和提供推荐（信用）的功能。那些广泛拥有弱连接关系的受众往往具备更大的信息流通优势，可以在其真实的社会生活中给予帮助。

二、受众的主体性特征对广告创意传播的影响

从受众在新媒体平台上的主动性、游戏性、互动性的主体性特征可以看出，受众对广告的关注与兴趣事实上更多的是出于自身的兴趣而不是出于对商品的兴趣而所产生，所以我们需要对受众的媒体接触行为进行全面关注和深入洞察。在新媒体环境下，如何适应广泛、庞杂、不同关系类型的受众群体，在媒体选择和内容创意方面，应该有新的战略和操作方向。

（一）广告创意的内容化，以应对受众媒体内容选择的主动性与游戏性

在传统媒体环境中，由于媒体内容来源的有限性和确定性，广告传播通常需要依赖、借助由专业团队制作的受众感兴趣的有限媒体内容和媒体平台，通过创意、重复等手段附加于媒体内容传播过程中，获得受众的无意注意，以取得预期的广告传播效果。可见，传统的大众媒体广告在广告媒体选择方面，往往依赖于受众有意注意的媒体内容，以量化的媒体内容传播效果如收视率、收听率、覆盖率等作为广告传播媒体平台的选择标准。然而，在新媒体环境下，不同媒体间的融合，加速了受众媒体选择过程中的主动性。随着技术的进步与操作的智能化，受众有了很多屏蔽广告的可能性。例如，观众可以通过网络观

看电视节目，避免了大量电视广告的侵扰。而针对网络视频中的广告，观众也可以通过关闭声音，多网页操作，加入视频VIP等方式来屏蔽广告。但是，问题的核心在于，观众为什么要想办法避开广告？不难发现，受众观看电视节目或网络视频的过程，是一个主动选择的过程，而附加在节目过程中的广告，于观众而言是接收有效信息过程中需要屏蔽的噪音。在新媒体环境中，面对享有强大主动选择权的受众，如何改变受众对广告噪音化的判断与认知，是今天广告创意的核心。纵观近年来成功的广告策划案例，可以有两方面的创意方向。

（1）将广告内容化，加强广告自身的魅力，让受众主动选择广告。

在受众主动性增强的传播环境中，为了引起受众的注意，单纯的口号式重复或单一的情节渲染已不足以吸引受众的主动关注与选择。近年来，在广告创意策略中，幽默、夸张、比喻、矛盾等文学式的广告创意手法得到了充分的确认，并且将其情节化进一步加强，涌现出大量叙事性强的系列广告案例。例如，德芙的青年爱情故事系列广告，益达口香糖的"酸甜苦辣"系列广告，士力架的"饿货"系列广告，炫迈口香糖的"根本停不下来"系列广告等，这些广告在明确的主题定位引领下通过幽默、夸张、温情等不同的叙事手法，在各大电视频道、网络视频、户外平面反复播出、展示，其中情节的曲折性，故事矛盾的张力，明星演绎下主人公的魅力等引起了广大受众的兴趣，获得良好的市场反响。例如，柯震东出道初期曾因出演玄迈的"根本停不下来"广告系列，引起广大年轻群体的关注、喜爱，并且在参加《快乐大本营》节目中被提及该广告的巨大影响力，实现了偶像与品牌广告的互利互惠，炫迈口香糖成功进军中国市场，获得了广大受众的认可。

（2）将媒体内容广告化，通过广告与相关赞助节目的深入融合，让观众在主动选择媒体节目的同时，主动接受广告。

以上所阐释的叙事系列广告，虽然让观众印象深刻，也获得了市场的认可，但是，对于大多数的品牌来说，很难成功做到这样大规模的系列电视叙事广告宣传。一方面由于叙事的相对完整性和情节的复杂性，对广告的时长、播出的连续性、广告明星的影响力、电视媒体的覆盖程度等都有较高的限制与要求，这需要高昂的广告费用支撑；另一方面，在短短 1 分钟甚至 30 秒内完成一个较完整的情节和叙事单元，同时与产品完美结合引发观众的兴趣，对广告创意、广告制作的要求很高。所以，对更多的企业而言，更简单的方法是借力，通过借助专业团队所打造的受众感兴趣的内容，进行趣味性、多角度、交流性地广告植入，引发受众的兴趣与喜爱。例如 2014 年 11 月由爱奇艺打造并播出的说话达人秀节目《奇葩说》受到了观众的持续热捧，开播未满 8 周，其视频播放总量已破亿，已有 6 家知名品牌争相在该节目投放广告。《奇葩说》的商业价值，除了其高点击播放率、尖锐的可延展性话题、明星与个性化选手们的人气效应外，其间的赞助类广告播出效果突出。如冠名赞助商美特斯邦威实现了品牌文化与节目风格的高度统一与融合。除了马东在其间插科打诨地重复播报着广告语"本节目由时尚时尚最时尚的美特斯邦威冠名赞助"外，节目播出前的美特斯邦威的贴片广告也与该节目风格相一致，凸显年轻人的个性选择。该广告中的演员还包含了两名《奇葩说》节目中的参赛选手肖骁、刘思达。又如莫斯利安在该节目中的广告语"喝了能活 99 岁"，该广告风格也与节目犀利、趣味、夸张的表达方式相一致，以逗趣的形式巧妙安插在节目中的各个环节。《奇葩说》当中的广告形式，在贴片广告、冠名赞助、情节植入、场景植入、道具植入的基础上，最引起受众关注的是其广告语的夸张与趣味，其间马东与众选手进行广告传播时的风趣幽默与随意性，使得广告与节目融为一体，成为节目的一部分，并与节目一起引起了观众的有意注意，颇得观众的理解与赞同，获得了优质的广告效果。

可见，企业在进行广告宣传时，一方面可以从自身的广告创意策划出发，注意广告本身的情节性与吸引力，以引起观众的主动选择；另一方面可以选择与其品牌广告风格相一致的媒体节目，在广告传播过程中要努力融合到节目内容里，以同时获得观众的主动注意与兴趣，增强受众对广告的好感度与满意度。

（二）广告内容的服务性，以加强对客户的生活需求的覆盖面，增强企业与客户的互动性交流

相对于大众媒介营销传播的品牌讯息（完整的 VCR、大篇幅的平面广告、软文等），消费者所接触的每个品牌营销环节上的信息很多是不完整的、片段化的，它们通常可视作与品牌相关的"微内容"。[①] 品牌所能做到的，应当是在移动的碎片化环境中，快速动态、实时地感知、发现、跟随、响应一个个人，并且与他们对话，以提升传播效率和传播效果。对于受众来说，关注、分享、订制、推送、自动匹配、位置服务等，都是其有效感知的重要通路。媒体运营商所需要做的，就是以最恰当的方式能够被用户通过这些通路感知。[②] 所谓最恰当的方式，应该是在充分调查、收集受众的媒体接触时间、接触方式和接触过程的基础上，进行全面、有效的内容接触与生活服务。正如奥美提出的"统合营销"那样，更关注消费者体验的连续性。消费者并不关心品牌形象的整合，他们更在意自己的个人信息、喜好与需求是否被营销人所察觉，特别是那些忠实消费者。

所以，在主动性、互动性增强的受众面前，企业广告已不能再单纯的从自身品牌出发进行创意、宣传，而要切实的从受众的需求与媒体接触行为出发，进行互动性强的交流与服务。例如，招商银行针对其信用卡客户推出的"掌上生活"APP，

---

① 喻国明．当前形势下传媒发展的关键与行动路线图［J］．新闻传播，2012（9）．

② 聂磊．新媒体环境下大数据驱动的受众分析与传播策略［J］．新闻大学，2014（2）．

提供了丰富的服务性应用，包括：电影票、机票火车、手机彩票、分期理财、积分抽奖、优惠券、手机充值、优惠商户等，同时该 APP 推出了"9 分招牌惠""周三美食日""小积分、过生日"等用户喜爱的优惠用卡活动。招商银行通过与当地用户喜爱的餐饮业、商铺、电影院、电子商务平台等合作，为持卡客户提供了丰富的实时更新的持卡优惠购买服务。招商银行的"掌上生活"APP，通过细致的服务与丰富的优惠活动，将信用卡与客户的交流沟通深入到客户生活中的点点滴滴，从而有效的扩大了信用卡的覆盖面，提高了用户信用卡的使用频率。

综上所述，伴随新媒体环境中，受众在广告传播过程中凸显的主体性特征，企业的广告创意传播一定要主动适应新的传播氛围，在广告内容选择、创意传播与广告互动的过程中，充分尊重受众的主体性地位，积极调动受众的主动性与互动性，通过游戏化的创意传播，策划出真正吸引消费者，被消费者所接受的广告作品，增强广告传播的有效到达率。

第六章　大众文化中的粉丝狂热现象

在娱乐文化盛行的今天，粉丝狂热现象盛行。社会中甚至屡次出现超出常规的疯狂粉丝行为：

2005年12月，一位17岁偏瘫少年周枫在周杰伦广州演唱会上听周杰伦宣布广州站后绝唱两年，随即吞服30粒安眠药。

2007年3月杨丽娟为追偶像刘德华，其父曾先后卖肾卖房支持，最终于香港跳海自杀，其遗愿竟然是让刘德华能单独会见女儿。

2008年，韩国东方神起组合中沈昌珉殴打中国孕妇，其粉丝维护沈昌珉并发表辱骂言论，最后引起"圣战"爆吧行动。

2009年6月，迈克尔·杰克逊的12位歌迷无法忍受杰克逊的去世，随即选择自杀。

2011年1月，SJ痛失奖杯后，SJ粉丝5天时间集资61万元，为偶像打造重1500克的纯金唱片。

如果说以上事件是特例的话，那么以下的情景应该属于狂热粉丝的日常行为之一了。该情景描述的是李宇春的歌迷在机场送她登机的场面。他们有人举着写着李宇春的牌子，有的拿着手机拍摄，人群拥挤且混乱，但他们仍不断地发出惊喜的尖叫声。那些歌迷追求的偶像不是自己的亲人，也不是自己的恋人、朋友，怎么能够为了短暂的三分钟近距离见面时间，千里迢迢赶至机场呢？这些歌迷不是信徒，没有神圣的宗教信仰，为什么会有如此狂热？他们的狂热是因为喜欢这个人？还是喜欢这个人的音乐？还是期望在这个人身上寄托某种情感呢？下面我们来讨论一下一种现象，我们将之定义为"粉丝狂热现象"。

一、粉丝与粉丝狂热的定义

我们这里的粉丝并不是新华词典中指的食用粉丝，而是它的引申意义，是英语单词 fans 的音译词，即"迷"，引申含义为陶醉、迷恋，指因对某一大众文化怀有极度的热爱之情而沉醉。这一大众文化可以是影视明星、歌星、体育明星、文化名人、政治名人、商界名人、电影、电视剧、小说、体育运动等等。

搜索有关粉丝的新闻报道，"狂热""疯狂"常常成为"粉丝"们身上的标签。在菲斯克的《理解大众文化》中说道："粉丝"与一般的接受者的不同在于对文本的过度迷恋，粉丝是过度的读者，即所谓的"粉丝狂热"，作为大众文化的着迷者，他们对特定文本的投入是主动的、热烈的、参与式的，甚至可能出现因兴奋到了极点而癫狂的状态。

二、粉丝狂热的表现

（一）过度消费

过度消费行为是粉丝区别于普通消费者的关键特征，是粉丝偶像崇拜中相当重要的仪式，其消费本身就是目的。具体表现为符号化消费、馆藏式消费两种主要形式。

符号化消费是指，对粉丝来说偶像及相关文本有着更多的符号意义，为偶像进行的消费代表着他们的生活方式与文化品位，而并不在意物本身的价值与使用价值。在消费过程中，粉丝们收获的是自身的满足感、群体归属感，以及自我意识的实现。例如，2011 年 7 月暑期档上映的"青春惊悚"类型片《孤岛惊魂》，获 9000 万票房。这部预期票房为 5000 万的小成本影片，之所以能获得超出近一倍票房，其成功公式在于：票房＝杨幂＋粉丝＋影片定位＋档期。可见，杨幂的粉丝为该影片的商业成功做出了巨大的贡献。这也形成了当下流行的明星制电影现象，以一种强调明星演员为主，电影情节等其他要素为辅的商业电影类型。这类电影的主要观众就是这些明星的粉丝，粉丝们对这类电影的消费关注是否有自己喜爱的明星的参与，而不是电影的真正价值。

馆藏式消费是指粉丝们购买、收藏与偶像相关的所有物品，如专辑唱片、演唱会门票、写真集、制服、海报、代言的产品及佩戴的首饰和随身用品等，摆放在特别的地方以示其粉丝身份，来衡量作为粉丝的资深程度。

（二）主动参与

粉丝作为大众文化"过度的读者"，不再是简单地崇拜和追星，而是"写作的阅读者，生产的消费者，参与的观看者"，他们积极、主动、创造性地通过消费来建构自己的符号化粉丝身份。粉丝对偶像文本的主动性表现在反复阅读、生产性消费和对偶像文本的再生产方面。

在反复阅读方面，粉丝们甚至会带有一种类似宗教信仰的心情，虔诚地阅读着在自己心里已被神化的文本，并经过不断重复，有的达到滚瓜烂熟的程度，他们以对文本的了解程度越深越引以为傲。在明星的演唱会或其他表演中，台下的粉丝都会跟着台上的明星一起唱，因为粉丝们对偶像的每一首歌曲早就耳熟能详，谙熟于心了。

在生产性消费方面，粉丝会为了满足自己的需要，投入金钱的同时会付诸更多的时间、精力和情感，对与偶像相关的文化商品进行"生产性使用"，制造出不同的符号系统，作为区分"圈内人"与"圈外人"的身份标识。例如：图中关于作家兼导演明星郭敬明粉丝们自制的身份卡、当红的歌星鹿晗粉丝印制的 T 恤。

在对偶像文本的再生产方面，粉丝会积极参与到与明星相关的文本作品当中，包括对偶像文本的模仿、学习、加工、再现等形式。大家注意，一位不是杰克逊本人，而是一位超级杰克逊迷，为了更接近偶像，他将自己化妆、整容成杰克逊的样子，并苦练舞技。这样的疯狂粉丝行为，在新闻中被频频爆出。

（三）社群活动

粉丝与曾经的"追星族"的区别主要体现在其积极参与社群活动方面。过去的"追星族"对偶像的崇拜的表达形式上大都是买磁带唱片、看电视、听演唱会上等。随着新媒体的兴起，当代的粉丝们开始建立网站、贴吧、QQ 群，并关注明星的微博、微信等平台。明星与粉丝之间、粉丝与粉丝之间依靠虚拟的网络和符号进行着互动，建立共识并从中获得意义。在这些粉丝团体里，粉丝们都有着共同的喜爱对象，有着共同的话题，能感到强烈的归属感，发泄着自己狂热的情感。有时为了维护自己喜爱的对象，不同的粉丝群之间甚至会展开激烈的口水战。例如，在 2012 年因方舟子质疑韩寒代笔，引起韩寒的粉丝对方舟子进行了激烈的口水声讨。

三、粉丝狂热的原因

（一）明星制造与引导

"明星"一词出现于 1824 年，最初用来指在戏剧界的有名演员。1919 年，用来专指电影明星。1950 年之后，"明星"一词专指好莱坞女明星。1965 年之后，明星的概念有所扩大，从好莱坞女明星过渡到影视界所有的男女明星，又过渡到其他领域例如政界、商业界、艺术界，甚至发展到了文学、体坛等领域。在汉语词典中的明星解释为：旧时指交际场中有名的女子，现多指有名的歌手、演员、运动员等。

现代意义上所谓的明星，是那些与视觉形象发生密切关系的，具有相应知名度的，并且独立支配因个人名誉而获得的经济收益的，能激起观众神性崇拜的物理意义上的人。

1. 粉丝对明星的追逐与崇拜

明星作为当代社会，具有高知名度和突出的视觉形象的个体，能引发粉丝们的神性崇拜，是当代大众文化中重要的文本类型。明星本人及其背后的娱乐公司、唱片公司、经纪人、媒体人等大量的幕后团队，将特殊的文化商品——明星，呈现出美的身体、独特的个性、时尚的品味等特质，最终实现了明星与大众的区隔。作为时尚领袖的明星成为大众的生活导师和消费偶像，他们总是被大众赋予了一种升格化的想象，承载着大众自下而上、充满向往的瞩目，但是他们与大众之间却有着无形的围栏，人们乐此不疲地追赶着明星的脚步，却总会发现明星总是走在他们的前面。例如奥黛丽赫本在《罗马假日》中通过发型的转变，其形象从高贵气质的公主转变为活泼单纯的邻家女孩。这样的形象转变恰恰让粉丝获得了区隔与融合的双重想象。在《蒂凡尼的早餐》中，身穿纪梵希小黑裙的形象成为经典，同时开创了一个奢侈品品牌纪梵希延续至今的神话。由奥黛丽赫本塑造的标志性的小黑裙、高盘头、皇冠、妆容以及之前的短发等造型至今仍被广大少女们争相模仿、学习、改造与再现，其中不乏演艺界的女明星们。正如齐美尔所说："时尚总是只被特定人群中的一部分人所运用，他们中的大多数只是在接受它的路上。"

2. 明星文本的复杂性

美国电影学者德科尔多瓦曾经说过：明星有两个身体，一个是角色的身体（媒体上表演的公开形象），一个是演员自身的身体（被公开化的私人生活）。曾经很长一段时间，明星公开表演的文本是其主要文本而明星的私人生活则是次要文本，是明星形象的补充。但当下，我们所面临的现实发生了变化，主要文本与次要文本之间的区别越来越小，大众越来越关注明星的私人生活，甚至出现了明星私人生活比其演艺作品更受瞩目的现象，这也是为什么现在真人秀节目广受大众欢迎的原因，因为真人秀一方面是特定情境下在摄影机前表演出的明星形象，另一方面由于摄影机的长时间无间隙的存在，将荧屏与现实的区隔模糊化，所以真人秀节目将明星公开的形象与自身的形象融合在荧屏中展现出来，充分调动了观众的窥探欲。例如，《奔跑吧，兄弟》第 1 季第 3 期中，郑凯在节目活动时，无意放了一个屁。这个在现实中极端尴尬的一幕被无处不在的摄影机记录下来，并被同伴们自然的娱乐化调侃后，郑凯的形象进一步明朗，观众对他的关注度与好感度瞬间提升了，很多网友在评论中直呼感受到了郑凯的"真诚"，并赋予他"屁王"的称号。

如果说以上对明星商品化与明星文本化的解读是促使粉丝狂热的外在原因，那么接下来的粉丝的自我认同与社会认同便是造成粉丝狂热的内在原因。

3. 明星的价值导向

明星作为工业化娱乐社会的产物，其商业化实质决定了明星的视觉化娱乐导向与消费主义导向。在视觉化娱乐导向方面，从某种意义上说，明星的身体之所以具有如此大的魅力，在于它指向人们的感官刺激，指向人们的欲望、快感等原始冲动，身体充满着永不衰竭的生命冲动，沸腾着种种欲望本能，这种生命和欲望正是人的情感极具的最高潮和最极端之处，因此"明星的容颜、身段、表情、性感程度投合了大众的窥淫欲"，人对身体的欲望和本能是明星的身体、外观形象受到大众瞩目的深层动因。这些形象都是通过一系列象征符号表现出来的，男明星英俊的脸庞、伟岸的身躯、知性的眼镜等。人们在看明星的过程中，实现了对理想对象或理想自我的想象性塑造过程，实现了视觉化的娱乐快感。例如古天乐转换形象从白皙的皮肤到黝黑的肤色，从此演艺事业直转直上，获得大量的女性观众的喜爱，这样的形象转变满足了女性对男性力量感的视觉化体验。

在消费主义导向方面。首先，明星在消费主义刺激下不断拓展其发展空间，试图在各个领域影响大众。明星从最初从属于电影专业，进一步扩展到经济、文化、体育、音乐等各个领域，并参与到不同类型的媒介节目当中。其中，电视作为传统的大众媒介在广泛性与日常性方面发挥着重要作用，是融入消费文化的一种方式。目前，各类明星与电视媒介正通过积极参与电视节目的方式来增强自身影响力。例如近期各大卫视频道的综艺节目，如《我是歌手》《快乐大本营》等吸引来大量的影视明星、歌星、体育明星等。

其次，消费主义增强了明星文化的商业性，明星效应和明星策略成为明星商业文化运作的着眼点。消费主义促使大众媒介更多地考虑其经济利益，大众媒介认识到明星在其获取商业利润中的重要作用，为了提高其收视率、发行量与点击率，获取更大的经济利益，通过制造和宣传明星来争取观众。例如，近年来出现的明星大电影，通过主推当下受欢迎的明星，作为推广电影的主要手段。

最后，明星文化在大众文化的宽松氛围里呈现出多样性、平民性、个性化和娱乐化的发展特点，这更引发广大受众通过消费的方式接近明星在荧幕上展现出的生活方式和时尚品位，前面提到了"屁王"郑凯随着这次意外事件，适时推出了其自创品牌，该品牌的裤子在淘宝售卖很受欢迎，刚推出一小时其存货已被抢光。

（二）粉丝的自我认同与社会认同

在粉丝的自我认同方面，体现了消费主义社会所催生的对自恋文化的投射作用。媒介强化了大众对声名和荣耀的梦想，鼓励普通人去认同明星，使他们憎恶日常生活的平庸，渴望与众不同。粉丝们将喜爱的对象当作是自我的延伸，不仅积极寻找他们与所喜爱对象之间的共同点，还把自己的体貌特征、个人经历、价值信仰投射到所喜好的对象身上。粉丝们通过强烈认同这个对象，获得了投射性的心理满足。例如，2005年的超级女声中由平民选举出的冠军李宇春获得了当时数量最大的粉丝群"玉米"。在当时与传统商业包装下的明星相比，李宇春的长相、身材、唱歌、舞技并不特别的优秀，但正是这份普通拉近了她与"玉米"的距离，以至于在决赛中，她能否胜利似乎也代表了作为普通人的"玉米"能否胜利一般，掀起了玉米短信投票的热潮，最终李宇春以352万的短信支持胜出。正如她在歌声中唱的"我和你一样，一样的坚强，一样的全力以赴追逐我的梦想"。

这个案例中"玉米"的应援与捧场成为李宇春成名与成功道路上的砝码，"玉米"粉丝们在这个过程中体会到了造物主式的快感。在这个梦中，他们形成了一套个人化的信念和价值观，通过寻找志同道合的伙伴或加入组织来获得群体归属感，其自我价值也得到了替代性的实现。

在粉丝的社会认同方面，随着现代社会的发展，以往形成的文化共同体纷纷瓦解，个体被琐碎的社会分工隔绝，缺乏归属感。而粉丝称谓，给了人们一种身份的确定和角色的划分，这些粉丝团里的同伴关系，使人们在自己崇拜的偶像粉丝群体中找到了全新的身份认同，这种不管是与其他粉丝的共同崇拜理念，还是粉丝与其他粉丝或明星之间的互动所形成的认同，都让粉丝们觉得大家成为一个共同的"我们"。

例：沈琳是研究生一年级的同学，她只有一个偶像就是演员赵薇，并且她喜欢赵薇已经有十年的时间了。沈琳说："有时候可能不是因为喜欢而喜欢，只是在自己的成长过程中，每一个转折点，赵薇的改变、形象或者所塑造的人物特色刚好符合自己的每个阶段的心境。"比如说，在初中时代，正好是自己青春躁动、爱玩爱笑的时候，而此时"小燕子"形象就好像当时自己的影子。步入大学以后，在课余时间读了很多书，而自己也从一个不谙世事的小女孩变成大学女生，此时沈琳最喜欢的是《京华烟云》中的姚木兰，喜欢她的聪明、大气、学识和人品，而此时恰好赵薇又扮演姚木兰，于是自己再一次被赵薇所折服。而此间的音乐专辑，《飘》《双》所打造的文艺女青年的风格完全符合自己的心境，更加喜欢赵薇了。而其后的这几年，也一直关注她的信息，虽然不会像一般的青少年粉丝那样痴迷和疯狂，只是心里面一直很喜欢和关注。不管是前几年被大家指作票房毒药的文艺电影，如《绿茶》《情人结》《玉观音》等，还是近几年大热的《赤壁》《画皮》《花木兰》和《锦衣卫》等。当问及崇拜方式和消费支出的时候，沈琳说："可能自己不能算上一个铁杆粉丝，自己给予更多的是关注、欣赏，虽然也有买过她的唱片、也去电影院看过她的电影，但是自己应该不是一个特别'称职'的粉丝，因为我没有什么样的明星产品都购买或者每个电影都去电影院观看。"另外，沈琳觉得赵薇在为人处世上也对自己影响颇深，虽然明星和粉丝之间可能更多的了解是一种虚幻的、表层的，但不管如何，她说自己能感受到赵薇是一个率性、本真、淡定和豁达的人，她欣赏赵最初的单纯和经历风雨后的稳重，就好像一次采访时候，赵薇说自己"我不靠男人，不靠权贵"，而沈琳也立志成为这样的人。另外笃信佛教的赵薇在很多地方所表现出来的人生哲学也让自己觉得很有道理，赵薇介绍的一些书籍自己也去阅读了，看了之后受益匪浅。

通过调查发现粉丝集中在青少年、妇女、中下层白领群体当中，他们往往在缺少自主能力、群体感、身份感、权力或他人认可时，选择成为粉丝起到心理补偿的作用。例如青少年群体的特质为认同与角色混淆，他们在界定自我社会身份的过程中，一方面试图解除父母对自己的控制和影响，另一方面又需要一个社会范本来指引自己，而偶像的某一方面特质吸引了青少年，成为他们模仿、崇拜的对象，并通过膜拜对象获取自我感受和与人交往上的满足。事实上，从某种意义上来说，粉丝群体活动，是社会中弱势群体寻求社会认同与社会价值的想象性途径。正如前面案例中所提到的玉米在粉丝狂热的引领下，通过群体短信消费行为获得的胜利，其本质上是李宇春、湖南卫视、天娱娱乐、蒙牛等赞助商的胜利。

通过以上分析不难发现明星不仅仅是一个个真实具体、极富魅力的个体，更是一种现代社会主导文化形式——媒介文化的重要文化表征。当下明星文化的盛行，隐含着一种美国传播学者波兹曼描述的"娱乐至死"的危机，即"一切公众话语都日渐以娱乐的方式出现，并成为一种文化精神。我们的政治、宗教、新闻、体育和商业都心甘情愿地成为娱乐的附庸，毫无怨言，甚至无声无息，其结果是我们成了一个娱乐至死的物种。"明星通过对大众的视觉化娱乐满足，实现了其促进消费的最终目的。与其他职业如医生、教师、科学研究相比，娱乐产业明星对人类的贡献是一种商业包装下的娱乐幻想，让广大年轻观众获得短暂的视觉化快感和想象中的精神满足。在这样一个"最智慧也是最愚蠢的年头"，作为当代大学生，我们如在大海中游行的鱼，在努力前行的同时，偶尔仰望星空。实现伟大的中国梦应是引领我们前行的动力。

总的来说，"粉丝"文化是处于消费社会失范期的时代表征，"粉丝"代表着一种文化符号，"粉丝"的种种表现也是一种符号消费，这些符号只有放在一种特定的语境中才有其具体的意义，粉丝文化也只有结合着社会文化语境才能更良好地发展。我们没有必要把"粉丝"现象看成是一种洪水猛兽似的，当成灾难，也没有必要把粉丝文化的传播看成是大众的胜利，是平民制造的神话，当大多数民众成为某种对象的"粉丝"时，社会也是处于一种平衡状态当中的。

粉丝的这种消费行为催生了"粉丝产业"，也使"粉丝文化"成为消费主义文化的典型。2005年的超级女声电视选秀，报名参赛人数达到15万，同时还吸引了中国国内近4亿观众收看，仅仅单场的手机短信收入就超过1500万人民币，而节目的广告收入更是数以亿计。"其背后隐藏着一只看不见的手，通过短信投票的方式，制造一种民意至上的虚幻感，以实现主办方隐藏的权利意志和商业欲望。"粉丝们很难摆脱商业性的束缚，而明星本身是一种商品。法兰克福学派的阿多诺等人认为晚期的资本主义社会以商品生产为特征，不管是艺术还是文化作品都受其影响，在迎合大众的同时麻醉和操控了大众。"自从自由交换结束以后，商品就失去了它的经济性质，而有了偶像崇拜的性质，这种偶像崇拜的性质一成不变地渗入了社会生活的各个角落。"

第七章 大众社会环境下的商业精神建设

第一节 商业文化概说

一、商业的定义

商业是以货币为媒介进行交换从而实现商品的流通的经济活动。商业有广义与狭义之分。广义的商业是指所有以营利为目的的事业；而狭义的商业是指专门从事商品交换活动的营利性事业。

商业是专门从事商品流通的产业，它是商品经济长期发展的结果。随着社会发展，商业也表现为不同的历史形态。现代商业发展表现出新的趋势。

二、中国商业精神的历史发展

（一）中国古代商业精神建设

中国古代商业是指从传统意义上的商业到明清资本主义萌芽的商业这一阶段。1840 年鸦片战争前中国的传统商业已有发展。但最大宗的商品粮食和土布还都是农民家庭生产，并主要是自给有余的产品。商业网集中城镇，广大农村基本上还处于自然经济状态，商业属于前资本主义性质，大商人资本集中在盐、丝绸、茶、木、药材等行业。其中，最被人提及的商人楷模及群体是清末胡雪岩、山西票商和徽商等。从这些商人事迹中，可发现他们的古代商业更多受到传统农业社会文化的影响，是官商文明的产物。

明清时期，小农经济与市场的联系日益密切，农产品商品化得到了发展；城镇经济空前地繁荣和发展，许多大城市和农村市场都很繁华。其中北京和南京是全国性的商贸城市，汇集了四面八方的特产。在全国各地，涌现出许多地域性的商人群体，叫做商帮，其中人数最多、实力最强的是徽商和晋商。

徽商即徽州的商人。徽州有经商的传统，徽州人很团结，注重互相帮助，并且还崇尚节俭。经过几百年的经营，徽商积累起惊人的财富。徽商几乎"无货不居"，经营范围很广，但"首鱼盐"，对食盐的经营尤为重视。徽商的兴起就是从经营食盐开始的。明代食盐的生产由官府垄断。为了解决边疆守军粮饷不足的问题，明政府允许商人将粮食运到指定的边防地点交纳，然后给予他们贩卖食盐的权利。徽州距边防地点遥远，徽商起初在盐业的经营中不占优势。但到明中期以后，明政府将纳粮改为纳银，徽商纷纷投资盐业而暴富。徽商经营盐业积累起商业资本之后，又扩大经营范围，经营茶叶、木材、粮食等行业，活动范围遍及全国各地，民间俗谚有"无徽不成镇"的说法。所谓"无徽不成镇"是指：徽商活动范围广，足迹遍天下，在海外诸国也留下他们的足迹，有"遍地徽商"之说。而且也道出徽商对市镇发展的深刻影响，徽商是当地经济发展的重要动力。

历史上，山高坡陡的徽州素有"七山一水一分田，一分道路为田园"之称，不仅地狭人稠，而且各种自然地理条件让徽州不宜种粮，却盛产林、竹、茶、桑、果鲜、药材等各种经济作物。而且优越的水运条件，为徽州人打开了一条走上外界的通道。种种自然地理的因素，为徽州人指出了唯一的一条生路——经商。正像民谣中所说，"前世不修，生在徽州，十二三岁，往外一丢"。就这样，大批的徽州人不得不怀揣几两碎银，夹着《士商要览》《天下路程图引》，呼朋引类地外出经商。徽商凭借雄厚的商业资本，经营大宗商品交易和长途贩运；并且插手生产领域，支配某些手工业者的生产活动；还经营典当等金融行业，获取高额利润。徽商从明初至清末兴盛了数百年，出现了拥有资产百万乃至千万以上的大富商。

在描写徽商的电视剧《新安家族》中出现的"鸿泰商训"，翻译过来其内容指：经商，不以获取利益为利害，以忠诚为利害；家业，不以求得富贵为珍贵，以和睦为珍贵；买物，不以压低价格为价格，以双方均衡为价格；卖物，不以赚钱为赢家，以信用为赢家；商品，不以稀缺为商品，以满足需要为商品；财富，不以聚敛财富为财富，以人人享有财富为财富；承诺，不以说什么为答案，以真诚为答案；贷款，不以牟取钱财为目的，而是以诚信为宗旨；典当，不以关系情面为原则，而是以公正合理为原则。"鸿泰商训"是"鸿泰钱庄"里的学徒们每天都要大声地背诵，直至领会精髓、融于血液、深达灵魂，而这商训正是中国传统的商道精神和文化精神的具体休现，是古代徽商传承中华文明，在艰难、漫长的经商过程中，不断摸索、反复实践而建立起来的传统经营管理理念，睿智的经商之道，以及任人唯贤的选人、用人之道。

> 斯商，不以见利为利，以诚为利；
> 斯业，不以富贵为贵，以和为贵；
> 斯买，不以压价为价，以衡为价；
> 斯卖，不以赚赢为赢，以信为赢；
> 斯货，不以奇货为货，以需为货；
> 斯财，不以敛财为财，以均为财；
> 斯诺，不以应答为答，以真为答；
> 斯贷，不以牟取为贷，以义为贷；
> 斯典，不以情念为念，以正为念。
> （鸿泰商训）

据悉，古代徽州大的家族几乎家家都有这样的家训，而剧中正是将这些家训集大成，凝练成这九条鸿泰商训，希望通过剧中人物命运对它的述说和诠释，呼唤现代商人在商道人生中，追求中国传统志士仁人修身，齐家，治国，平天下的精神。相对于晋商的"闯"字，在徽商身上体现的更多是一个"儒"字。徽商古来素有"贾而好儒、亦贾亦儒、商而兼士"的美誉，就像剧中张磊扮演的男主人公程天送那样，仁义敦厚、善良磊落、勤勉好学、志向远大、知恩图报、恪尽职守、睿智情怀、追求商道人生中的大道大义。只有这样的传统文化的积累，才能传承、弘扬中华商人的商业精神，才有后来面对西方列强资本制定商业规则、垄断市场、操纵价格、实行歧视和掠夺性贸易时，为争取公平商权进行坚韧不懈的斗争，直至献出生命。剧中所讲的商道就是人道，人道就是天道。这也是古代徽商族群之所以能够世代展壮大、基业雄踞东南、足迹遍及长江流域的根本原因。

和徽商齐名的明清时期我国又一大商帮是晋商，即山西商人。两百年前，他们叱咤满清王朝商界，号称"海内最富"。他们兴起和发展的经过与徽商如出一辙。晋商的兴起也是经营盐业。晋商在明初利用地接北部边防之便，为官府运送军粮，获取贩盐的权利，经营盐业致富，成为富有的大盐商。他们积累起巨额商业资本之后，逐渐扩大经营范围，贩卖丝绸、铁器、茶叶、棉花、木材等。到清代乾隆年间，晋商开始兴办金融机构票号，经营存款、放贷、汇兑，也可以为官府代理钱粮。经过长期的经营和积累，晋商的财力不断壮大，到清代时，资产达百十万者不可胜数，晋商首富亢氏的资产多达数千万两。晋商的活动范围极为广泛，许多人甚至走出国门，到日本、东南亚、俄罗斯等地去做生意。他们以山西富有的盐、铁、麦、棉、皮、毛、木材、旱烟等特产，进行长途贩运，设号销售，套换江南的丝、绸、茶、米，又转销西北、蒙、俄等地，其贩运销售活动遍及全国范围，形成了与南方徽帮相抗衡的最有经营实力的北方晋帮集团。清朝中叶，晋商由经营商业向金融业发展，咸丰、同治年间（1851—1874），山西票号几乎独占全国的汇兑业务，成为执全国金融牛耳的强大商业金融资本集团。并形成山西"北号（票号）南庄（钱庄）"两大晋商劲旅。随着清朝的没落、民国的衰败，那段辉煌的里程，已经从战乱的硝烟中渐渐淡去。

在晋商文化中，最为突出的便是山西商人人格特质。我做商人就是做商人，把商人做纯粹了，把商人当作一个最正经的社会事业来做，这是山西商人特别堂皇的地方。山西商人诚信为本，这是它经营的核心理念。晋商的商业伦理文化特别突出，他们笃信经商就是要致富，但是经营中间要生财有道，不能欺诈，要诚信。

另外，晋商的核心竞争力是他们的制度文化。晋商奉行"财股与身股结合、身股为大"的制度。这种制度留住了人，又保证了家族企业的有效传承。

具体而言，在晋商中有三类人：第一是东家。东家是投资人，也施展能力，参与公司的重人决策，有点像现在的董事会。他们通过投资占有的股份称为"财股"，可继承转让，可分红（一般三至四年分一次红）；他们决定掌柜的聘用和解职及其他重大事宜，如分红比例数等。第二是掌柜。掌柜是投入能力的企业领导者，持有"身股"。身股可以享有和财股一样的分红权，但不可以继承转让，人走茶凉。但有的企业，身股可以养老。第三是伙计。伙计从学徒干起，一般四年满师，之后可拿年薪。其中优秀者可以持有一定身股，有的被提升为掌柜。掌柜一般都是从学徒期满、为商号工作多年的伙计中提拔。

晋商中的这三类人，是互相关联、互相支持又互相制约的。掌柜的身股不能继承，东家的财股是可以继承的。晋商的分红一般是财四身六，在大盛魁甚至做到身股占七成。但是掌柜是走是留，还是由东家说了算，占再多身股也没有最核心的人事决定权，这形成了一种有效的制约关系。

从"财股"的意义进行分析发现：

第一，财股使产权人格化，使经营可以一代一代持续下去。

财股可以继承转让，所以东家必须关心企业中长期的利益。这个公司要做好，到我儿子、孙子那辈还要做好。血浓于水，我就要把家业传给自己的后代，这就是一心一意做好企业的东家们的永恒动力。

第二，以分红受益和继承财股为动力，财股拥有者总是努力聘用能者出任掌柜，并尽力留住他们，支持他们的运营，同时做好监控工作，防止掌柜的短期行为。

第三，传承财股使东家更注重诚信、买卖公平等，使之成为长期受益的生意规则，维系了晋商的商业文明，也促成了众多晋商的百年品牌。诚信是传承的要求，不是一般生意的要求。只有诚信才能挣大钱，但诚信也未必能挣到大钱。这是最基本的商业逻辑。

再来分析"身股"的意义：

第一，身股因能力而设置，使有能力的人稳定、忠诚。东家有财股，但如果东家的后代无能，无法管理公司，怎么办？这种情况下，只能找能人来管理，而聘请来的能人不满足于仅仅挣工资，于是就有了身股。

第二，身股不能转让和继承的规则，使晋商聘请的领导人代代相似，多为精英，也使他们解聘庸者、新聘能人有了商业规则和文化基础。这是很科学的。如果身股可以继承，那掌柜的后代也可以一直当掌柜，就很可能会演变成庸人或小人执政。

东家是一个阶层，他持有财股，财股可以传承。由此，他就可以解聘拥有身股的经理人。这个制约关系非常重要的，因为如果经营权也可能继承的话，就可能导致庸才管理公司而使公司破产。晋商通过聘请掌柜的来经营，给他们身股。身股虽然不可传承，但在分红中占六成以上，有的甚至是七成，这就使干活的人真正明白，是在给自己干。这样，在东家昏庸的时候，他们为维护自身利益，可以站出来据理力争，保持经营的健康状态。

（二）中国近代商业精神建设

中国近代商业是指从清代鸦片战争到中华人民共和国建立之前的新式商业。在中国近代社会里，存在着多种经济成分，包括外国资本、官僚资本、民族资本、地主经济和小农经济等。而资本主义很微弱，一直未能成为社会生产的主要形式。据有的专家估算，到1920年代初，我国资本主义发展的水平还只有5%左右。由于多种经济成分的存在，不可避免地使中国近代文化呈现出复杂性特征。在这种文化体系中，既有资本主义文化，又有封建主义文化；既有殖民主义文化，又有爱国主义文化；既有西方近代文化，又有中国传统文化；既有新文化，又有旧文化。

近代中国80年，是中国人民受尽屈辱、灾难深重的80年。鸦片战争、第二次鸦片战争、中法战争、甲午中日战争、八国联军侵华战争，每一次战争都以清政府的失败，并签订丧权辱国的不平等条约而告终，每一次战争都使中国一步步陷入半殖民地的历史深渊。

反帝反封建斗争，争取独立、民主、富强，始终是中国近代历史的主题。近代文化的发展变化也不例外，同样受到政治变革、救亡图存的影响。无论是魏源的"师夷长技以制夷"，还是郑观应的"商战"；无论是康有为的君主立宪，还是孙中山的民主共和；无论是"实业救国"，还是"教育救国""科学救国"，都是围绕着救亡图存展开的。民国一代企业家由此承载了我们关于传承的希冀，当时的企业家们把自己的成功看作是拯救国家命运的希望之举。因此，"实业救国"的情怀和抱负，这是1949年以前几代中国企业家的共性。卢作孚直截了当地提出现代化的目标，荣德生到晚年仍耿耿在念："中国要富强，非急速变成一个工业化国家不可"。

（三）现代意义上商业精神建设的缺失

改革开放以来，中国市场经济的突飞猛进，广大人民的生活水平不断提高，企业发展迅速，却也呈现出很多问题。在中国市场的商业世界里"冲突"不断：360和腾讯之争，反映了中国企业之间不断升级的冲突；国美"陈黄之争"放大了企业创始人和职业经理人之间的冲突；奶粉和牛奶系列事件代表了企业在追求利润与质量之间的冲突；富士康员工"连环跳"恶化了企业与员工的关系，资本与劳动力之间的冲突；巴菲特、比尔·盖茨两个美国的富豪赴中国"劝捐"，又体现了企业富豪与企业社会责任之间的冲突……

中国的商业精神的建设成为十分迫切的历史任务。这是中华民族数千年历史上从未有过的重大课题。商业精神的建设不仅关乎中国市场经济的未来发展，更关乎中国社会的民主化进程，以及今后国家的长治久安。在市场经济一日千里的今天，由于在中国大地上同时出现了道德沦丧、精神空虚等普遍现象，因此，很多人、特别是知识分子或文化人，不假思索地把这些消极的现象归罪于市场经济。然而，当我们以真正的智慧洞穿时代，就会发现这些消极现象与市场经济或商业化并无必然的联系。

真正的原因是商业精神的缺失。这种精神的荒漠现象在所谓高贵的精神创作，如文学、艺术领域同样存在。当文化人为商人的堕落而高呼的时候，实际上他们自己也陷入了沉沦。罪恶与堕落、伪善与虚空，吞噬的不仅是商人，还有作家、艺术家等精神产品生产者的心灵。商业精神的建设已经不仅仅是商业界的事情，而是包括文化人在的全体中国人的共同使命。

第二节　商业精神文化建设

一、经济关系与伦理关系

当前，关于我国经济的论断纷纷出现，种种争论让人"应接不暇"，各种相左的专家、学者的意见也让人对当代中国经济问题感到迷惑。读史以明兴替。在分析我国经济秩序问题的症结所在以前，先要简要了解一下经济关系产生的由来，尤其是经济和伦理的关系。

人与人之间的经济关系始于相互之间的合作，即群居生活的开始。从动物界的共同捕猎、共同占有食物等生活资料可以看出经济关系的雏形。共同生活的群体一旦稳定下来，形成一种组织结构，内部形成不平等的地位等级关系时，占有生活资料的方式也产生微妙的变化，原始的、平等的经济生产和生活方式被打破，私有财产出现，阶级逐渐形成。

人类为什么要出现不平等的关系呢？经济学角度的解释认为，相互合作群体的形成是为了保证每个个体的利益最大化。在生活环境、条件和能力都比较低下的早期社会，为了保证物种的延续、经济生产的效益最大化，相互合作是一种自然选择。合作一旦开始，就诞生了个体之间的经济关系。但是每个个体都要求自己的利益最大化，如何有效地组织这个群体，最佳地保障群体以及群体中个体的利益呢？其实在经济关系形成的同时，另一种关系也随即诞生。在此，可以将群体生活中除了经济关系以外的关系统称为伦理关系，包括等级地位、婚姻形态、仪式祭祀（后来形成宗教信仰）等生活形式。这种伦理关系规定了对经济生产和生活资料占有分配的规则。于是两种力量相互平衡，形成一个稳定的社会结构形态。一方面，个体要求以合作的形式来最大限度地保障自己的利益；另一方面，个体之间又不得不通过伦理准则来协调生活资料的分配和占有等生活形式。

经济和伦理的这种关系常常被学院派的学者们所忽视。始自亚当·斯密的现代西方经济学就是建基于纯粹理性基础上的理想的经济学模式。其构想中完美的模型如同牛顿的宇宙机器一样，市场运作有着自己的调节——"看不见的手"，行业的竞争有着平均利润率来协调，价格由供需比例来商定。似乎稳定平衡的经济运行系统就像生物界的食物链一样达到一种自然状态的平衡。这样的完美平衡来源于两个基本假设：理性人消费和效用最大化也是这种纯理性思辨经济学的体现。西方经济学产生于西方社会思潮和特定的伦理关系中，人与人之间的关系在历史传承中延续着一种平等交易、合作互利的理性假设。然而，现实的情况并不如经济学家所预期的那样理想。伦理关系的建构与商业精神的建设是影响商业关系有序建立，商业运作合理进行的重要依托。

20世纪80年代以后，西学引进热潮再度兴起。向西看的潮流比五四时期更加有过之而无不及，"进口"成了高质量的代名词，"出国"成了荣耀的象征。但是这些仍然是表面现象。一个国家民族的思想意识形态来源于其持久稳定的生活方式。小农自耕经济以另一种方式延续着，血缘宗法家庭仍然在广大层面上维持，西学在成为一种时尚的潮流之初仍然未能改变几千年固有的传统生活方式。换言之，人与人之间的关系，主要是伦理关系和经济关系，仍然保持未变。思想文化层囊括了意识形态、传统文化、学术思想、政治思想等层面，但人与人之间的关系，即伦理关系却是最为核心的生活方式之一。人看待、处理自己、他人和世界的方式是伦理关系的基本形态。如马克斯韦伯所言，这种伦理关系直接决定了其生活态度和生活方式。

二、后现代背景下的商业精神文化建设

后现代背景下的中国商业精神还远未形成。这是一个基本事实。虽然经过几十年的改革开放，中国已经取得了令人瞩目的成就。但是中国改革开放以来的经济成就，在推动力方面，除了政府的政策所制造的大环境以外，并没有一种真正堪称经典的精神作为强有力的支撑。我们迄今为止的成就，更多的是在一种商业环境不够健全的相对无序状态中，因着我们对财富的强烈饥渴本能、固有的智力以及对西方管理的快速借鉴而取得的。

中国商业精神正随着经济的逐步起飞而处于艰苦的摸索与构筑阶段。一方面我们必须以批判的精神吸取传统文化中的精华；另一方面，由于我们所面对的是一个全球一体化和平面化的后现代世界，传统、现代与后现代都扑面而来，都处于同一个界面之上，因此必须摈弃传统的线性发展观，必须直接以后现代模式来迎接后现代世界的种种挑战。

在历史向后现代世界飞奔的同时，后现代企业制度与后现代管理模式必将取代现代企业制度与现代管理模式，而成为新的经典。因此，在后现代背景下，中国必须超越现代企业制度，建立真正符合时代需要的后现代企业制度。同样，后现代背景下的中国商业精神建设，也有赖于后现代企业制度与管理模式在全社会的形成。

需要强调的一个事实是，后现代管理革命不是发生于未来，而是已经发生和正在进行；不是仅仅发生在西方，而是也发生在中国。后现代管理是席卷全球的企业革命浪潮，它滥觞于20世纪80年代之后的经济全球化和信息化社会。微软、戴尔、雅虎等高科技新贵的成功，乃至杰克·韦尔奇所发动的管理革命，都有力地见证了后现代管理模式的巨大威力；同样，在联想、海尔、万科等中国优秀企业成功的轨迹中，我们也能清晰地发现后现代企业制度与后现代管理模式的影子。

（一）后人本主义

后人本主义区别于现代企业制度的人本主义和儒家提倡的"仁"道，而是张扬个体的前提下实现其资源整合，是在人人主体的前提下实现的，它的最高境界是人与人之间的对等的爱。

人本主义造就了现代企业制度，也正在促使现代企业制度走向死亡。人本主义不仅没有导致当代管理中的"以人为本"，相反，却使"以人为本"有沦为清谈的倾向。人本主义并不是后现代语境下"以人为本"的同义语。真正能够实现"以人为本"目标的是"后人本主义"。

　　现代企业的层级组织、经营权与所有权分离的治理模式，以及其内部紧张的人际关系，都是人本主义的产物。人本主义有两个发展阶段，即笛卡尔的人类中心主义的人本主义和萨特的自我中心主义的人本主义。前者割裂了人与自然的关系，使现代公司沦为单纯的生产机器；后者虽然不再否认他人的存在，不再淹没或同化他者，却把他者看作敌人或工具，著名的观点有萨特的"他人即地狱"等。不论是人类中心主义的人本主义还是自我中心主义的人本主义，都与二元论有着千丝万缕的关系。二元论的本质是主体与客体的对立。因此，建立在二元论基础上的人本主义的根本弊病乃是，导致了人与自然、人与人之间的对立关系。这在现代公司中，表现为资本家与劳动者之间的对立，表现为二者之间的"主仆关系"；表现为经理层与普通员工之间的对立，以及二者之间的"上下级关系"。这些关系在现代公司中是牢不可破的。

　　因此，人本主义的结果是人人以自我为本，而不是以他人为本；人人以自我为主体，而不是以他人为主体。这就导致，在现代公司中，不仅所有者只以自己的利益为本，进而扩展到，经营者以及每一个员工都以自我利益为本。也就是说，人本主义的最终结果实际上是以自我利益为本的个人主义。这是现代企业不可逾越的文化壁垒，它意味着现代公司制度及文化在后现代时期已经走到了尽头。

　　尽管儒家文化提倡"仁"，似乎是"以人为本"了。但是所谓的"克己复礼为仁"，与后现代意义上的"以人为本"也具有本质的不同。后现代的"以人为本"是在人人为主体的前提下而实现的，它的最高境界是人与人之间的对等的爱。我们不否认，在儒家的"仁"中，也有爱的成分。但在权威主义和主仆关系的儒家礼教系统中，所谓的"仁"只能大打折扣，甚至会隐藏着狡猾的驭人之术。

　　儒家的集体主义与后现代意义上的集体主义可以说具有本质的不同。前者是在抹杀个体的前提下实现其统治的，而后者则是在张扬个体的前提下实现其资源的整合。在后现代企业中，不存在统治，只存在资源的整合。儒家的"关系"与后现代意义上的关系也完全不同。在儒家的"关系"中，最本质的关系是"主仆关系"和"层级关系"；而在后现代企业中，由于产权制度、委托—代理制度的革命以及组织扁平化改造，使得所有者与经营者之间的"主仆关系"彻底消失，也使得高层经理与普通员工之间的层级壁垒化为乌有。

（二）社会资本的建构

社会资本是资本的一种形式，相对于经济资本和人力资本的概念。社会资本是一个特定人群或社区中人与人之间的密切关系，以及由此带来的对违规行为的自动惩罚机制和相互之间的高度信任。后现代意义上的社会资本区别于中国传统"关系学"基础上以裙带关系为支撑的"社会资本"。

在后现代背景下的中国商业精神建设中，社会资本的转型与积累也将成为一个至关重要的因素。中国是一个社会资本存在结构性欠缺和社会资本相对薄弱的国度。而社会资本是国家软实力中非常重要的部分。纵观西方发达国家，无不具有社会资本强大之特征。

最早将"社会资本"概念引入社会学研究领域的是法国社会学大师皮埃尔·布尔迪厄（p. bourdieu）。布尔迪厄社会学理论有三个中心概念：习性、场和资本。布尔迪厄认为：资本是一种积累劳动，个人或团体通过占有资本能够获得更多的社会资源。他还将资本分为三种形态：社会资本、经济资本与文化资本。在1980年的《社会科学研究》杂志上，布尔迪厄发表了题为"社会资本随笔"的短文，正式提出了"社会资本"概念，把它界定为"实际或潜在的资源的集合，这些资源与由相互默认或承认的关系所组成的持久网络有关，而且这些关系或多或少是制度化的。"

在理论上对社会资本进行全面而具体界定的是美国社会学

家詹姆斯·科尔曼（james s. coleman）。1988年，科尔曼在《美国社会学杂志》上发表了题为"社会资本在人力资本创造中的作用"一文，对社会资本做了初步论述，并在其后的《社会理论的基础》一书中，对社会资本理论做了较为系统的阐述。科尔曼的社会资本是建立在他的社会行动理论基础之上的。在其行动理论中，基本的社会系统由"行动者"和"资源"两部分组成。行动者为了实现各自利益相互进行各种交换，甚至单方面转让对资源的控制，其结果，形成了持续存在的社会关系，包括权威关系、信任关系以及作为建立规范基础的关于权利分配的共识。这些关系不仅被看作是社会结构的组成部分，而且是一种资源。当强调社会关系的生产性，把其当作一种"资源"来看待时，"社会资本"的概念就出现了。科尔曼所说的社会资本是一个特定人群或社区中人与人之间的密切关系，以及由此带来的对违规行为的自动惩罚机制和相互之间的高度信任。他举的一个著名的例子就是纽约从事钻石交易的犹太人。在进行大宗交易前，钻石商们通常要把价值几十万甚至上百万美元钻石在付款前交给对方，以便他们清点数量、检查品质。在这个过程中，没有任何手段保证对方不调包以次充好或以假充真。这个看起来令人惊叹的诚信背后其实有一个简单的惩罚机制：纽约从事钻石交交易的犹太人是一个联系非常紧密的群体，他们通过家族、宗教、社交等各种纽带紧紧联系在一起，如果有人因为贪心而调包或私藏钻石，就将失去所有的家族、宗教和社交关系，是自绝于这个群体，也将被整个业界抛弃。

　　真正使社会资本的概念引起广泛关注的是哈佛大学社会学教授罗伯特d. 帕特南（robert d. putnam）。帕特南和其同事花了20年时间就社会资本问题对意大利行政区政府进行了研究，在此基础上写成了《使民主运转》（1993）一书。帕特南认为，社会资本是能够通过推动协调的行动来提高社会效率的信任、规范和网络。帕特南发现，"在意大利公开精神发达的地区，社会信任长期以来一直都是伦理道德的核心组成部分，它维持了经济发展的动力，确保了政府的绩效。"所以一个团体，如果其成员可以信赖，且成员之间能相互信赖，那么它能比缺乏这些资本的相应团体取得更大的成就。

美国社会学家弗朗西斯·福山在界定社会资本时也强调了信任的重要性。他提出社会资本就是一个群体的成员共同遵守的一套非正式价值观和行为规范，群体内的成员按照这一套价值观和规范彼此合作；而所谓的非正式的价值观和行为规范福山认为应该包括"诚实、互惠、互相信任"。

社会资本是一种创造与生产性力量，它对商业社会的重要性要远远大于传统社会。因为，现代商业社会对应的是一种自由的市场经济，国家的强制性规范在商业社会中表现得最为薄弱。在此种状况下，社会资本对于市场经济的健康运行具有非同寻常的重要作用。可以说，缺少社会资本的维系，就不可能有真正的市场经济。一个社会一旦由于社会资本薄弱而必须由政府进行更多强制性规范时，必然会背离市场经济形态。

另外，建立在中国传统文化"关系学"基础上的"社会资本"与现代意义上的社会资本相距甚远，甚至是根本对立的。中国传统的关系更多地表现为一种"裙带关系"，其作用更多是破坏性的而非创造性的。中国人"关系"的作用，更多的是对社会规范，甚至是国家法律的破坏，从而为小部分人谋求不正当的利益。其结果是制造社会不公，引起民愤民怨。在中国，"关系"的另外一种作用是：为本来应该通过正常渠道就可以解决的问题提供保障。无论是前一种现象还是后一种现象，中国的关系都没有起到维护正当规范，维护社会和国家整体利益的作用。"关系"还是当今中国官员腐败、地方恶势力和黑社会的庇佑者，甚至是地方割据势力的制造者。这种所谓的"中国式社会资本"正在成为国家和人民的公敌，在中国改革开放面临关键阶段的今天，是需要国家和全社会竭力抵制的破坏性势力。这与西方学界讨论的当代商业社会所需要建构的社会资本是完全不同的。

社会资本对于后现代背景下的中国商业精神建设具有非同寻常的意义。而由于中国目前社会资本的薄弱，实际上给政府背上了重大的包袱。为了缓解这种压力，政府、企业与企业家们在社会资本的建设中应该发挥积极的作用。

（三）"主体间性"——社会关系的建立

"主体间性"区别于现代性的"主体性"，而首先是"主体"的在场，即具有对等地位的独立个体的在场；然后才是主体之间的关系，即"主体间性"。"主体间性"的最高体现是主体之间的爱，是一种利他精神。

现代主义的"主体性"建立在"二元论"的基础之上，将主体与客体对立起来，其主旨在于主体征服客体，从而导致了人类中心主义和自我中心主义。其中，前者的直接后果是现代工业文明对自然的破坏；后者的直接后果是现代社会人与人之间的冷漠。

后现代意义上的主体间性表明，生存不是主客体二分基础上的主体征服、构造客体，而是自我主体与对象主体之间的交互活动。主体间性还涉及自我与他人，个体与社会，人类与自然之间的关系。主体间性不是把自我看作原子性的个体，而是看作与其他主体的共在。主体间性即交互主体性，是主体之间的共在关系，将孤立的个体主体变成了交互主体。

21世纪的中国，不应该仅仅成为一个隆隆作响的巨大工厂，茫然运行而不知所终。而当前的事实是，单纯的增长癖以及拜金主义正在吞噬中国。在这种真正的商业精神缺席的状况下，GDP的飞速增长中孕育着巨大的危机。物质和精神是相互渗透的，物质使精神得以彰显，精神使物质变得神圣。因此，后现代背景下的商业精神文化建设是当代经济中国的发展方向。是政治家、经济学家、管理学家、企业家、乃至是作家、艺术家和全国人民共同的神圣的历史职责。

参考文献

[1][美]约翰·费斯克著,李彬等译注.关键概念:传播与文化研究辞典[M].北京:新华出版社,2004.

[2][美]雷蒙·威廉斯著,刘建基译.关键词[M].北京:三联书店,2005.

[3][美]詹姆逊著,胡亚敏等译.文化转向[M].北京:中国社会科学出版社,2000.

[4][美]米尔斯著,王崑等译.权力精英[M].南京:南京大学出版社,2004.

[5][美]詹姆逊著,工逢振译.快感:文化与政治[M].北京:中国社会科学出版社,1998.

[6][美]尼尔·波兹曼著,章艳译.娱乐至死[M].桂林:广西师范大学出版社,2004.

[7][美]E.M.罗杰斯著,段晓蓉译.传播学史[M].上海:上海译文出版社,2001.

[8][美]赫伯特·马尔库塞著,张峰、吕世平译.单向度的人[M].重庆:重庆出版社,1988.

[9][英]马克·J·史密斯著,张美川译.文化:再造社会科学[M].长春:吉林人民出版社,2005.

[10][英]麦奎尔著,祝建华、武伟译.大众传播模式论[M].上海:上海译文出版社,1987.

[11][英]戈尔丁等.文化、传播和政治经济学[A].20世纪传播学经典文本[M].上海:复旦大学出版社,2003.

[12][英]约翰·伯格著,戴行钺译.观看之道[M].桂林:广西师范大学出版社,2005.

[13][德]海德格尔著,孙周兴译.世界图像的时代[A].林中路(修订本)[M].上海:上海译文出版社,2004.

[14][德]卡尔·马克思著,中央编译局译.资本论(第一卷)[M].北京:人民出版社,2004.

[15][加]麦克卢汉著,何道宽译.理解媒介——论人的延伸[M].北京:商务印书馆,2000.

[16][加]哈罗德·伊尼斯著,何道宽译.传播的偏向[M].北京:中国人民大学出版社,2003.

[17][法]让·波德里亚著,刘成富等译.消费社会[M].南京:南京大学出版社,2000.

[18][法]罗兰·巴特著,敖军译.流行体系——符号学与服饰符码[M].上海:上海人民出版社,2000.

[19][匈]贝拉·巴拉兹著,何力译.电影美学[M].北京:中国电影出版社,1978.

[20]张慧元.大众传播理论解读[M].苏州:苏州大学出版社,2005.

[21]周宪.文化研究[M].天津:天津社会科学院出版社,2002.

[22]吴琼.视觉文化的奇观:视觉文化总论[M].北京:中国人民大学出版社,2005.

[23]罗刚,王中沈.消费文化读本[M].北京:中国社会科学出版社,2003.

[24]陶东风.大众文化教程[M].桂林:广西师范大学出版社,2008.

[25]王军元.现代广告学[M].苏州:苏州大学出版社,2007.

[26]戈公振.中国报学史[M].北京:三联书店,1955.

[27]蒋荣昌.消费社会的文学[M].成都:四川大学出版社,2004.

[28]李幼蒸.结构与意义:人文科学跨学科认识论研究[M].北京:中国社会科学出版社,1996.

[29]赵毅衡.文学符号学[M].北京:中国文联出版公司,1990.

[30]李为善,刘奔.主体性和哲学基本问题[M].北京:中央文献出版社,2002.

[31]王晓华.广告效果测定[M].长沙:中南大学出版社,2004.

[32]朱光潜.西方美学史[M].北京:人民文学出版社,1979.

[33]周宪.视觉文化的转向[J].学术研究,2004(2).

[34]聂磊.新媒体环境下大数据驱动的受众分析与传播策略[J].新闻大学,2014(2).

[35]李勇.从古典"美人"到当代"美女"——称谓、认同与文化走向[J].河南大学学报,2013(1).

[36]章东轶,王铁波.美女文化与电视中的女性形象建构[J].杭州师范学院学报,2003(2).

[37]季桂保.博德里亚的"消费社会"批判理论述评[J].国外社会科学,1999(2).

[38]郭湛.人的主体性的进程[J].中国社会科学,1987(2).

[39]喻国明.解读新媒体的几个关键词[J].媒介方法,2006(5).

[40]喻国明.当前形势下传媒发展的关键与行动路线图[J].新闻传播,2012(9).

[41]柯泽,宗益祥.媒体只是受众自我取悦的玩具[J].新闻记者,2014(2).

[42]MBA智库百科.注意力经济[EB/OL].http://wiki.mbalib.com,2009-05-02.

[43]北大教授:要像重视孔子一样重视章子怡,中国文化才会有未来[EB/OL].四川在线——华西都市报,http://www.wccdaily.com.cn/epaper/,2006-05-10.

[44]中国互联网络信息中心.中国互联网络发展状况统计报告[DB/OL].http://www.199it.com/archives/257541.html.